PROCURATORIAL STUDY

检察研究

江苏省人民检察院◎组织编写　　编委会主任◎刘华

2021年 · 第1辑

法律出版社
LAW PRESS · CHINA

目录 Contents

法学专论

主题研讨

检察实务

法学专论

略论行政公益诉讼中检察机关调查核实权的制度建构

何　玲　张　岩　田晓晴*

摘要：调查核实权应当根据举证责任分配和调查核实权的属性来进行制度安排。被告负举证责任，以及调查核实权所具有的法律监督权、建议督促权属性，决定检察机关提供的证据应当是初步证据，调查核实权应当是简易调查核实权。且检察机关法律监督权的非对抗性权力属性，决定调查核实权排斥强制性调查措施。调查核实权应当通过"调适"方式加以建构完善。应明确检察机关提供初步证据，据此简化调查内容，降低核实标准，调整调查方式，落实配合调查义务规定。制度供给可采取检察解释——法律规定的进路。

关键词：行政公益诉讼　检察机关　调查核实权　制度建构

行政公益诉讼中检察机关的调查核实权制度是颇受学界关注的一个话题。目前学界对该制度多有批评、质疑之声，并对制度建构提出了诸多建议。不过，学界现有有关制度建构完善的观点不一，既有对现有制度进行"调适"的温和主张，也有建议将强制性调查措施引入调查核实权制度的激进主张。调查核实权在实践中遇到的"调查难"困境，以及学界的研究状态，均表明检察机关调查核实权制度建构仍然是一个未完成的命题，需要进一步深入研究。

---

* 何玲，江苏警官学院侦查系副教授；张岩，江苏省新沂市人民检察院检察长；田晓晴，江苏省新沂市人民检察院第五检察部主任。本文系 2020 年度最高人民检察院检察应用理论研究课题"行政公益诉讼中检察机关调查核实权制度建构研究"的研究成果。

一、检察机关调查核实权制度建构的基本原理

任何制度建构都不应当是随意的，检察机关调查核实权建构首先应当建立在行政公益诉讼举证责任分配的基础上。正如有学者所言："调查核实权的内容、方式与举证责任、证明标准呈正相关关系，举证责任越重，证明标准越高，则调查核实权应越充分，越需具有强制性。相反，调查核实权则越简洁，越不具有强制性。"①同时，调查核实权作为一项特定的调查权制度，其制度建构应当建立在其基本属性的定位上。调查核实权属性决定了制度安排的基本格局或者说为制度安排打上了底色，调查核实权制度的设计不能游离其固有属性。检察机关的调查核实权被定位为权利，与被定位为权力，其制度建构会有很大差异。

就举证责任而言，行政公益诉讼作为一种特殊的行政诉讼，无论其与普通行政诉讼存在多大差别，仍然属于行政诉讼。如果《行政诉讼法》没有对举证责任作出特别规定，那么，应当实行一般举证责任分配规则。按照举证责任的含义以及现有相关制度规定，检察机关在行政公益诉讼中并非不承担任何举证责任，但其举证责任是行为意义上的责任或者说是推进责任，其作用是表明行政争议存在，足以构成法院受案的理由，从而启动行政公益诉讼程序。举证不能或者不力的后果是法院不受理案件。检察机关承担行为责任或者推进责任后，即实行举证责任倒置，由被告行政机关对行政行为或者不作为是否合法以及是否侵害公共利益负说服责任或者结果意义上的举证责任。按照举证责任分层理论，推进责任证明标准比较低，只要能够形成合理疑点的初步证据，就与败诉后果没有必然联系。而说服责任证明标准比较高，主要是优势盖然标准和排除合理怀疑标准，要求当事人能够以确凿的证据说服法官确信其主张成立。② 在行政公益诉讼中，行政行为是否构成实质性违法应当由行政机关举证，公共利益受损的事实则作为支撑行政机关行政行为或者不作为合法的证据，应当由行政机关提供确证。检察机关对行政行为或者不作为是否构成违法以及公共利益受损事实可以提供证据，但其提供证据仅作为一种权利而非义务或者责任，应当根据《行政诉讼法》第 37 条的规定，不承担说服责任或结果责任。

就属性而言，检察机关调查核实权是法律监督权派生出来的从属性权力，旨在为行政公益诉讼提供证据。无疑，检察机关是为了维护公共利益而提起行政公益诉讼的。检察机关维护公共利益的方式有别于行政机关，它并非像行政机关一样，负有直接查处、制止、惩罚公民、法人和其他组织侵犯公共利益的违法行为的责任，而是以监督行政机关履行法定职责的间接方式进行。因此，作为附属行政公益诉讼的调查核实权，是检察机关

---

① 樊华中：《检察公益诉讼的调查核实权研究——基于目的主义的视角》，载《中国政法大学学报》2019 年第 3 期。

② 参见高家伟：《证据法基本范畴研究》，中国人民公安大学出版社、群众出版社 2018 年版，第 314 ~ 315 页。

法律监督权的组成部分。

从作用机制的角度来看，检察机关的法律监督权是一种建议、督促权。与行政机关和监察机关不同，检察机关并没有对被监督对象的实体处分权力，其权力具有谦抑性和温和气质，是一种“软权力”。从检察机关与行政机关的关系来看，检察机关的法律监督权是一种非对抗性权力。我国政权组织形式是人民代表大会制度，一府一委两院由人大产生，并对人大负责。根据《宪法》第127条和第140条的规定，在办理相关案件中，检察机关与人民法院、监察委员会以及公安机关之间是分工负责、相互配合与制约的关系。《宪法》不可能具体规定行政公益诉讼中行政机关、审判机关和检察机关的关系，但根据上述规定，可以认为分工负责、互相配合和互相制约关系的原理是可以应用到行政公益诉讼领域的。这种关系表明检察机关的法律监督权不是与行政权、审判权和监察权相互对垒抗衡的对抗性权力。

综上分析，行政公益诉讼的举证责任分配规则，决定检察机关提供的证据应当是初步证据，只要形成合理疑点即可。而建议、督促权的权力属性也同样降低了其证据标准。行政机关和监察机关的实体处分权决定其必须以确凿的证据作为处分的依据，否则就是滥用权力，有违公正和正当程序原则。而检察机关因无实体处分权，仅仅是对被监督对象提出具有提醒作用的检察建议，要求其以确凿的证据作为支撑缺乏合理性。初步证据和确凿证据对调查核实权制度的安排应当是有差异的。确凿证据要求处分主体应当拥有与查清事实真相或者获得确证相匹配的调查权力。如《行政强制法》和《监察法》就赋予了行政机关和监察机关充分有力的调查权，包括扣押、冻结、查封和限制人身自由的调查措施权。但检察机关在行政公益诉讼中的初步证据要求，决定检察机关的调查核实权应当是简易调查权，其调查措施应当以满足获得初步证据为限。而法律监督权的非对抗性权力属性，决定对以行政机关为对象的调查，排斥诸如查封、扣押、冻结和限制人身自由一类的强制性调查措施。

二、现有调查核实权制度之不足

（一）制度供给问题

学界有观点认为检察机关调查核实权制度法律供给不足，检察机关有自我授权之嫌。从调查核实权制度形成过程来看，目前有关调查核实权的法律规定并不缺失，但是法律仅仅作了检察机关有权调查核实的原则性规定。具体操作层面的制度是由《人民检察院提起公益诉讼试点工作实施办法》（以下简称《高检办法》）和《检察机关行政公益诉讼案件办案指南》（以下简称《办案指南》）规定的。法律没有对检察机关的调查核实权作出具体的规定，应当说是正常的立法现象，它是制度成长的“烦恼”。诚然，权威性和法律保留原则要求制度由法律供给。但罗马不是一天建成的，立法有个过程，不可能一蹴而就。立法者没有先知般的预见能力，也只能摸索前行。先试行，后正式；先低位阶立法,后高位阶立法,是制度供给的常规进路。它体现了立法者尊重立法规律应有的谨慎和立法智慧。

至于检察机关有关调查核实权的制度规定是否存在自我授权的正当性以及权威性不足,涉及检察机关是否有制度供给的主体资格。结合相关法律规定,答案应当是肯定的。《人民检察院组织法》第 23 条规定:"最高人民检察院可以对属于检察工作中具体应用法律的问题进行解释。"目前存在的问题,是细化的调查核实权制度是由《办案指南》建构的,而《办案指南》并非司法解释。因此,目前调查核实权存在一个微观层面制度的"空窗期"。

（二）调查核实权刚性不足问题

"调查权没有保障,缺乏强制力,是当前行政公益诉讼实践中检察人员诟病最多的问题。"① 从现有制度规定来看,检察机关的调查核实权具有一些学者所说的"柔性调查"特征。所谓的"柔性调查"指的是检察机关的调查方式限于一般调查方法,没有强制性调查措施。但是,没有强制性调查措施并不意味着检察机关的调查核实权没有刚性约束力和强制力保障。法律设定了调查对象的配合义务,也允许检察机关向法院"借力"。由此可见,现有检察机关调查核实权是没有强制性调查措施但不乏强制力保障的调查核实权。根据上文有关调查核实权制度建构原理的分析,强制性调查措施的缺乏不是现有制度的缺陷。实际上,强制性调查措施原则上不能适用于行政机关。很难想象在何种场合能够对行政机关及其工作人员适用查封、扣押、冻结和司法拘留一类的强制性调查措施,以及会引起何种社会反应。在实践中,行政机关及其工作人员公然抗拒调查的情形并不多见,更多的是消极对待,拖延推诿。例如,在最高人民检察院编的生态环境资源保护行政公益诉讼典型案例中,均未出现行政机关及其工作人员公然抗拒检察机关调查核实相关证据的例子。② 强制性调查措施即使引入,也应当是以行政相对人为适用对象。而举证责任倒置的规则,以及行政机关处于维护公共利益的第一顺位,决定对行政相对人违法行为的调查应当是行政机关的职责。但行政机关本身已经有强制性调查措施权。因此,检察机关调查核实权再引入强制性调查措施显属多余。

当然,现有非强制性调查措施存在保障不力或者刚性不足的问题。这主要体现在《人民检察院组织法》第 21 条和第 48 条难以"落地",可能如学者所说的存在"空转"甚至沦为"无害的僵尸法条"的问题。这是目前保障现有非强制性调查措施需要解决的。

（三）调查措施的有效性问题

调查措施难以有效实施,调查难,是实践中检察官的普遍反映。几乎所有由检察官撰写的相关研究文献均提到这方面的问题。这其中包括:(1)人手不足。行政公益诉讼

---

① 林仪明:《我国行政公益诉讼立法难题与司法应对》,载《东方法学》2018 年第 2 期。

② 参见最高人民检察院第八检察厅:《行政公益诉讼典型案例实务指引》,中国检察出版社 2019 年版。

具体由检察机关的民行检察部门负责,但民行检察部门的人手有限,并且民行检察部门不是检察机关内部最强的部门,并没有配备优势人力资源。(2)专业力量不足。民行检察部门的检察官并不具备行政公益诉讼四大领域内,诸如环境污染、食品药品质量检测等方面的专业知识,要其去调查环境是否受到污染或者食品药品是否存在质量问题并非易事。(3)设备、技术以及经费不足,难以支撑检察机关对公共利益受损害的深度调查。“尤其是环境污染和资源保护类案件,高昂的检测、评估费用往往使案件陷入僵局”。[①] 例如,陕西省某基层检察机关在一起公益诉讼案件中,打算对一片被污染的土地进行酸污染程度鉴定。在了解到鉴定需要花 6 个月的时间和 120 万元后,放弃了原定污染程度鉴定计划,改为委托某环境检测中心对土地酸污染进行定性鉴定,仍然花费 3 万元。[②]

但是,上述问题应当说是当前检察机关调查核实权调查措施制度的一项缺陷所在,其中最主要的原因是《最高人民法院、最高人民检察院关于检察公益诉讼案件适用法律若干问题的解释》(以下简称《两高解释》)对行政公益诉讼举证责任分配的规定,有将举证责任推向检察机关之嫌疑。而《办案指南》则基本上是按照检察机关负举证责任的规则设计了调查核实权制度。特别是委托鉴定、评估和审计的调查方式,明确表明检察机关应当对违法行政行为或者不作为侵害公共利益的事实负说服责任。但是,这种调查措施设计,不仅违背被告负举证责任的规则,并且混淆了检察机关与行政机关的角色。笔者认为,在维护公共利益上,行政机关是第一顺位的,负有对相对人违法行为侵害公共利益的事实进行调查的直接责任,而检察机关仅负责监督行政机关履行其职责。也正因如此,国家没有给检察机关配备调查相对人违法行为及其对公共利益造成损害事实所需的人力、财力、物力,而是将其配备给了行政机关。因此,由检察机关进行深度调查并证明公益受损,是让检察机关代行了行政机关的职责。并且,在行政公益诉讼案件中,公共利益受损是行政机关处罚违法相对人的事实根据,行政机关理应进行充分调查并获得了相关证据。在这种情况下再要检察机关去调查,实际上是浪费调查资源的重复调查。

三、完善检察机关调查核实权制度建构的思路

针对检察机关调查核实权制度的不足以及运行存在的问题,学界提出了诸多应对建议。主要包括:(1)增加立法供给,通过修改《行政诉讼法》和《人民检察院组织法》,对检察机关的调查核实权制度予以明确具体规定。(2)引入强制性调查核实措施,赋予检察机关以扣押、查封、冻结和司法拘留的权力,有的学者甚至主张赋予检察机关对拒绝配合调查行为人罚款的权力[③]。(3)通过专业培训、增加经费或者设立专项调查经费、建立专

① 天津市河西区人民检察院课题组:《检察公益诉讼调查核实权分析》,载《中国检察官》2019 年第 13 期。

② 参见王玎:《行政公益诉讼证据制度建构——以法经济学为分析视角》,载《青海省科学》2018 年第 3 期。

③ 参见罗充:《关于检察公益诉讼调查核实权研究》,载《区域治理》2019 年第 37 期。

家库等途径,提升检察机关调查取证能力,这是实务界检察官的普遍观点。

根据上述有关调查核实权制度建构原理以及现有制度的缺陷分析,笔者认为,检察机关调查核实权引入强制性调查措施,与制度建构基本原理不符,并不可取。未来检察机关调查核实权的制度建构,应当在现有非强制性调查措施的基础上采用"调适"方式加以逐步完善。具体而言,现有调查核实权制度可以从以下几个方面完善:

其一,在制度供给进路上,可以沿着检察解释——法律规定的路径进行。完成调查核实权制度的法律供给只是一个时间问题。目前,检察机关调查核实权制度建构仍然处于摸索当中,理论上仍有许多争议。在条件不成熟的情况下,立法机关很难作出明确具体的法律规定,不宜草率行动。因此,可以先行由检察机关完成微观层面制度的供给任务,以终结目前微观制度处于"空窗期"的状态。但是,检察机关必须以司法解释的方式完成,而非以规范性文件的方式完成。待条件成熟,再由全国人大及其常委会通过立法或者修改法律的方式完成最终的制度供给。

其二,建议对《两高解释》第 22 条第 2 款的规定进行修改,将检察机关应当提交的"证明材料",修改为"初步证明材料"或者"初步证据",以免现有表述给人以行政公益诉讼由检察机关负举证责任的误导。"初步证据"的修改在整个制度建构中尤为关键。因为目前调查难等问题,总根源是将举证责任推向了检察机关。所以,只有正本清源、釜底抽薪,才能实质性解决调查难问题。否则,不对现有调查措施进行包括引入强制性调查措施的"补强",以及对检察机关的人力、财力、物力进行全方位的重新配置,调查难问题仍将无法得到根本解决。

其三,根据检察机关提供初步证据的规则,对调查内容、调查方式、核实审查标准等调查核实权制度进行重新设计。对现有规定中有关"全面、客观",内容庞杂以及严格的证明标准的规定应当摒弃。新制度设计时,调查内容、方式、证明标准均应以检察机关获得初步证据为依据。调查内容大致包括涉案行政机关的法定职责、涉嫌违法的行政行为的存在、公益受损和可能受损的基本情况。证据核实审查标准应当是最低标准。在调查方式方面,委托鉴定、评估和审计等的调查方式,因其倾向于由检察机关提供确证,违背举证责任倒置规则,也因其存在造成检察机关角色错位以及重复调查和浪费调查资源等弊端,是否保留值得研究。即使保留,也应当严格限定适用情形。

其四,针对现有调查措施刚性不足问题,应当细化《人民检察院组织法》第 48 条规定,建立具体制度,明确对妨碍调查行为人的追究主体、程序以及具体的责任形式。在此,可以根据被调查对象以及妨碍调查行为的严重程度来作出不同的制度安排。在调查过程中,调查对象是行政机关和行政相对人。而责任根据我国目前的责任制度,主要包括刑事责任、行政责任、民事责任和政务处分责任。对于行政相对人拒绝配合调查,可以根据行为的严重程度分别处理。相对人的行为违法的,可由检察机关移送公安机关并提出建议,由公安机关追究行为人的行政责任,对行为人进行行政处罚。相对人行为构成犯罪的,则由检察机关移送司法机关,由司法机关以“妨害公务罪”追究行为人的刑事责任。对于行政机关工作人员拒绝配合调查的行为,如果是行为人消极抵触,或者拖延推诿,可基于比例原则,由检察机关先行与行政机关沟通,建议行政机关处理,由行政机关责令行为人纠正错误。如果是行政机关不作为,则由检察机关向监察委员会提出检察建议,由监察委员会追究相关人员责任;构成犯罪的,则由监察机关将案件移送司法机关,追究行为人的刑事责任。

系统拓展我国公益诉讼案件范围的立法研究

尹　吉　马　洁*

摘要：拓展公益诉讼案件范围是新时代实现国家公益保护治理体系现代化的重要基础。党的十九届四中全会部署拓展公益诉讼案件范围以来，虽然司法机关在法律框架内作了有益的探索，但是在立法层面，现行三大诉讼法中的公益诉讼案件范围，还不能满足《中共中央关于制定国民经济和社会发展第十四个五年规划和二〇三五年远景目标的建议》的需求。同时，它也明显窄于刑法、民商法和行政法所保护的公益范围。应当坚持新发展理念，根据《宪法》对于公共利益的基本分类，系统化地完善三大诉讼法。

关键词：系统拓展　公益诉讼案件范围　立法研究

党的十八届四中全会启动了探索建立检察机关提起公益诉讼制度的改革试点，①为我国原有的公益诉讼制度增加了巨大的检察驱动力。随着改革试点的不断深入，党的十九届四中全会又提出了"拓展公益诉讼案件范围"。② 在现行三大诉讼法的基础上科学拓展公益诉讼案件范围，是完善我国公益诉讼制度的重要基础，是推进国家公益保护治理体系和治理能力现代化的重要制度安排，更是优化司法职权配置、完善诉讼制度和检察制度的重要内容。根据党的十九届五中全会精神，应把新发展理念贯穿于完善国家公益保护制度发展的全过程，系统拓展公益诉讼案件的范围。

---

* 尹吉，东南大学法学院教授，最高人民检察院研究基地"东南大学民事检察研究中心"主任；马洁，江苏省仪征市人民检察院检察官助理。本文系 2019 年度最高人民检察院检察理论研究课题"新时代法律监督工作全面协调充分发展研究"的部分成果。

① 2014 年 10 月 23 日中国共产党第十八届中央委员会第四次全体会议通过的《中共中央关于全面推进依法治国若干重大问题的决定》中指出："探索建立检察机关提起公益诉讼制度。"

② 2019 年 10 月 31 日中国共产党第十九届中央委员会第四次全体会议通过的《中共中央关于坚持和完善中国特色社会主义制度　推进国家治理体系和治理能力现代化若干重大问题的决定》中指出："拓展公益诉讼案件范围。"

一、我国三大诉讼法中公益保护范围的现状与立法缺陷

(一)目前拓展公益诉讼案件的范围与方式

在立法层面,全国人大常委会于2017年6月27日作出了《关于修改〈中华人民共和国民事诉讼法〉和〈中华人民共和国行政诉讼法〉的决定》,该决定既明确了公益诉讼案件的范围,又确立了检察机关公益诉讼制度。修改后的《民事诉讼法》第55条第2款在生态环境和资源保护、食品药品安全领域,修改后的《行政诉讼法》第25条第4款在生态环境和资源保护、食品药品安全、国有财产保护、国有土地使用权出让等领域都规定了检察机关公益诉讼职能的行使。全国人大常委会于2018年10月26日修改的《人民检察院组织法》在检察机关行使的职权中,增加了"依照法律规定提起公益诉讼"。全国人大常委会在单行法修改中,也逐步拓展了公益诉讼案件的范围,如2018年4月27日通过的《英雄烈士保护法》,就赋予了检察机关对侵害英烈姓名、肖像、名誉、荣誉,损害社会公共利益的行为向法院提起诉讼的职权。①

在司法层面,检察机关会同审判机关将《民事诉讼法》第55条第2款中的"等"拓展为"对人民群众反映强烈的安全生产、互联网、妇女儿童权益保护、扶贫以及国防、军事等领域公益损害问题……"②后多地又将对损害老年人、残疾人等的权益列入公益诉讼案件的范围。同时,《最高人民法院、最高人民检察院关于检察公益诉讼案件适用法律若干问题的解释》(法释〔2018〕6号)第20条规定:"人民检察院对破坏生态环境和资源保护、食品药品安全领域侵害众多消费者合法权益等损害社会公共利益的犯罪行为提起刑事公诉时,可以向人民法院一并提起附带民事公益诉讼,由人民法院同一审判组织审理。"这一规定对《刑事诉讼法》第101条的规定又作出了重大拓展。③

(二)三大诉讼法中公益保护范围的立法缺陷

我国三大诉讼法中的公益保护范围明显窄于民商法、行政法和刑法,具体如下:

第一,《民事诉讼法》第55条第2款中规定:"……发现破坏生态环境和资源保护、食品药品安全领域侵害众多消费者合法权益等损害社会公共利益的行为……。"其中缺失保护国家利益和集体利益,而《民法典》中有多项保护国家利益和集体利益的规定,该法第132条规定:"民事主体不得滥用民事权利损害国家利益、社会公共利益或者他人合法权益。"第207条规定,"国家、集体、私人的物权和其他权利人的物权受法律平等保护,任何组织或者个人不得侵犯。"并且,该法还将农村集体经济组织列为"特别法人"加以保

---

① 《英雄烈士保护法》第25条中规定,"对侵害英雄烈士的姓名、肖像、名誉、荣誉的行为,英雄烈士的近亲属可以依法向人民法院提起诉讼。英雄烈士没有近亲属或者近亲属不提起诉讼的,检察机关依法对侵害英雄烈士的姓名、肖像、名誉、荣誉,损害社会公共利益的行为向人民法院提起诉讼"。

② 最高人民检察院张军检察长于2019年10月23日在第十三届全国人民代表大会常务委员会第十四次会议上所作的《最高人民检察院关于开展公益诉讼检察工作情况的报告》。

③ 《刑事诉讼法》第101条中规定,"如果是国家财产、集体财产遭受损失的,人民检察院在提起公诉的时候,可以提起附带民事诉讼"。

护，强调了对集体利益的保护。

第二，《行政诉讼法》第 25 条第 4 款中规定，"……致使国家利益或者社会公共利益受到侵害的……。"其中缺失保护集体利益。而《宪法》第 6 条规定，我国社会主义经济制度的基础是生产资料的社会主义公有制，即全民所有制和劳动群众集体所有制。当前，行政机关损害集体利益的现象也时有发生；集体资产存在一定流失风险。①

第三，《刑事诉讼法》第 101 条中规定，"如果是国家财产、集体财产遭受损失的，人民检察院在提起公诉的时候，可以提起附带民事诉讼。"其中缺失保护完整意义上的国家利益和集体利益，国家财产、集体财产只是国家利益和集体利益中的重要组成部分。而《刑法》中出现"国家利益"21 次，"国有财产"4 次，"国有资产"2 次；"集体利益"2 次，"集体所有的财产"3 次。而且《刑事诉讼法》第 101 条规定的"国家财产、集体财产"之后并没有"等"。笔者认为，这样刚性的规定不宜以司法解释的方式来增加其他内容，实现国家公益保护治理体系的现代化，必须按照全面依法治国的新要求，来完善相关法律，建议将保护社会公共利益纳入刑事附带民事公益诉讼案件的范围。

二、公共利益的内涵

正确把握公共利益的内涵，是科学拓展公益诉讼案件范围的基础。我国《宪法》和其他法律多次使用"公共利益"一词，然而目前对公共利益的概念尚没有相关的立法解释或者司法解释。明确公共利益的内涵，应是从立法层面拓展公益诉讼案件范围的重要依据。

（一）公共利益的内涵

公共利益简称公益，并且对应于私益。公共利益是一定社会条件下，一定范围内不特定的公民、法人和其他组织赖以生存和发展的共同基本需求。其本身又是一个动态的、弹性的概念，需要严格依照法律并考虑政治需求、经济条件、文化状况及社会精神道德多方面的因素。

宪法的公共利益是国家和社会大众的根本利益，更具基础性和规范性，其他部门法律中的公共利益是以此为依据，在一定领域的具体化。刑法作为民商法、行政法和社会法等的保障性法律，公共利益的内涵理应覆盖其他法律；即在其他法律不能调整社会关系时，国家通常将其规定为刑事犯罪，纳入刑法的调整范围。民商法中的公共利益与公民、法人和其他组织的个体本位利益相对称，它是调整平等主体之间财产关系和人身关系中的国家利益、社会公共利益和集体利益。行政法中的公共利益与特定行政相对人的个体本位利益相对称，它是调整行政法律关系中的国家利益和不特定多数行政相对人的

---

① 农业农村部部长韩长赋于 2020 年 4 月 26 日在第十三届全国人民代表大会常务委员会第十七次会议上，所作的《国务院关于农村集体产权制度改革情况的报告》。

利益,它是广大行政相对人共享的、共有的、共同承担的或者共同受到影响的利益。刑法与民商法、行政法和社会法调整的公共利益具有覆盖性、梯度性或者层次性的关系,主要以社会危害性的大小来区分各自的调整范围。

(二)公共利益的基本分类

将公共利益类型化不仅是一种重要的理论研究方法,更是科学拓展三大诉讼法中公益诉讼案件范围的前提。根据我国《宪法》第51条规定,我国的公共利益应当分为:国家利益、社会公共利益、集体利益。值得一提的是,国家利益当然属于公共利益,也是高度集中的人民利益;国家事务当然是社会大众的公共事务。故《刑法》第20条第1款、第21条第1款中将国家利益与公共利益进行平行性表述笔者认为并不恰当,需要依据《宪法》的相关规定进行修改。

第一,明晰"国家利益"。《刑法》《刑事诉讼法》中的国家利益是以我国《宪法》为依据的,其具体范围宜参照我国的安全体系,即"……构建集政治安全、国土安全、军事安全、经济安全、文化安全、社会安全、科技安全、信息安全、生态安全、资源安全、核安全等于一体的国家安全体系。"这十一个方面均与《刑法》分则中的一系列罪名相对应。① 现行的刑事附带民事公益诉讼法律制度中仅对国家利益中的国家财产进行保护,而在司法改革中还探索了安全生产、互联网、扶贫以及国防、军事等领域的公益保护。② 随着我国经济社会的快速发展,以刑事附带民事公益诉讼的方式来保护国家利益的案件范围将不断地扩大。基于此,笔者建议将《刑事诉讼法》第101条规定中的"国家财产"拓展至"国家利益"。

第二,明晰"社会公共利益"。社会公共利益是社会大众依法享受的共同利益,是以公民基本权利为核心展开的聚合性利益。根据《民事诉讼法》第55条第2款和《行政诉讼法》第25条第4款的规定,除了其中"国有财产保护"和"国有土地使用权出让"等国家利益和集体利益以外的,都属于损害社会公共利益的范围。在一些领域,社会公共利益与国家利益还具有交叉性或者双重性,如《民事诉讼法》将生态环境和资源保护列为社会公共利益,而"生态安全、资源安全"又是总体国家安全观中的重要内容。③ 社会公共利益不同于其他利益。"现行的宪法则是从保护个人利益的角度,用社会公共利益作为限制个人利益的界限,这是承认并积极保护个人利益的法律规定。虽然现行宪法对个人利益的保护并非尽善尽美,但可以肯定,宪法对社会利益的规定奠定了社会公共利益在其他

---

① 新华社:《习近平主持召开中央国家安全委员会第一次会议强调 坚持总体国家安全观 走中国特色国家安全道路》,载《检察日报》2014年4月16日,第1版。

② 姜洪:《张军在十三届全国政协第三十次双周协商座谈会上表示 正视公益诉讼短板不足 落实公益司法保护"中国方案"》,载《检察日报》2019年11月23日。

③ 新华社:《习近平主持召开中央国家安全委员会第一次会议强调坚持总体国家安全观 走中国特色国家安全道路》,载《检察日报》2014年4月16日,第1版。

部门法的法律基础。”[①]因此,“社会公共利益受损害是区分公益诉讼和私益诉讼的基本条件,也是能够提起公益诉讼的核心条件。”[②]

第三,明晰“集体利益”。《中共中央关于制定国民经济和社会发展第十四个五年规划和二〇三五年远景目标的建议》中指出,“保障进城落户农民土地承包权、宅基地使用权、集体收益分配权,鼓励依法自愿有偿转让。”厘清集体利益概念具有急迫的现实意义。集体利益分为集体财产权益和其他权益。集体所有制,是指一定范围内的劳动群众对生产资料的共同占有,由其集体组织享有生产资料所有权的法律制度。集体财产的范围主要包括:法律规定属于集体所有的土地和森林、山岭、草原、荒地、滩涂;集体所有的建筑物、生产设施、农田水利设施;集体所有的教育、科学、文化、卫生、体育等设施;集体所有的其他不动产和动产。[③]

三、拓展公益诉讼案件范围立法的原则与路径

(一)拓展公益诉讼案件范围立法的原则

拓展公益诉讼案件范围的立法原则是多方面的,主要有:(1)合法性原则。首先,坚持以《宪法》为依据,严格遵循《宪法》对于公共利益的基本分类,把握好公共利益的内涵与外延;其次,正确把握刑法、民商法和行政法的属性与调整范围,具体地把握好刑法、民商法和行政法中的各项公共利益,使之与三大诉讼法中的公益诉讼案件范围相对应。(2)协同性原则。首先,准确依据刑法、民商法和行政法中的公共利益,系统拓展三大诉讼法中公益诉讼案件的范围,避免刑事附带民事公益诉讼与民事公益诉讼的案件范围失调,及在级别管辖中发生冲突;其次,拓展公益诉讼案件范围不仅涉及完善诉讼制度,也涉及完善行政法律制度、检察法律制度和有权提起公益诉讼的其他主体的相关制度,如“法律规定的机关和有关组织”[④]。因此,行政机关应当与检察机关、审判机关加强协作,共同磋商提出修法建议。(3)突出重点与科学立法相结合的原则。既要高度关注对社会大众反映强烈的公益损害问题,也要考虑立法的稳定性。在不同时期有不同的公益热点问题,如抗击新冠疫情期间,社会各界更加关注保护野生动物和抗疫物资质量,但就完善相关立法而言,需要考虑公益诉讼案件范围的广泛性和法律适用的长远性,“坚持系统观念。加强前瞻性思考、全局性谋划、战略性布局、整体性推进”[⑤],而不能头痛医头、脚痛医脚。(4)衔接性原则。行政执法机关保护公益的范围应当与其提起公益诉讼案件的范围

---

① 参见符启林、罗晋京:《论社会公共利益和经济法》,载《河北法学》2007 年第 7 期。

② 沈德咏主编:《最高人民法院民事诉讼法司法解释理解与适用》,人民法院出版社 2015 年版,第 753 页。

③ 参见《民法典》第 260 条。

④ 《民事诉讼法》第 55 条第 1 款规定:“对污染环境、侵害众多消费者合法权益等损害社会公共利益的行为,法律规定的机关和有关组织可以向人民法院提起诉讼。”

⑤ 《中共中央关于制定国民经济和社会发展第十四个五年规划和二〇三五年远景目标的建议》。

相适应。在国家公益保护治理体系中,首先是行政治理体系,然后才是司法或者诉讼治理体系,提起公益诉讼是国家公益保护的最后保障机制。当行政机关不作为或者乱作为或者其他原因导致行政公益保护治理不畅时,才应当通过诉讼机制解决。当然,检察机关在立案后提起行政公益诉讼之前,"应当向行政机关提出检察建议,督促其依法履行职责。行政机关不依法履行职责的,人民检察院依法向人民法院提起诉讼。"[①](5)主动性原则。检察机关进行公益诉讼活动在于对正当权利进行救济,相比个人诉讼而言,公益诉讼更具有威慑性。诚然,普通的诉讼活动也可以解决问题,但是与公益诉讼活动相比缺少有效性和震慑性,因为公益诉讼着力解决侵害公共利益的问题,公共利益是代表着多数人或全体人的共同利益。就诉讼活动而言,在庞大的企业或是医疗机构面前,个人的力量是相当渺小的,即使是群体利益,在企业面前依然是弱小的。如农民工讨薪问题或是医疗纠纷案件。因此,在这样的情况下,需要借助国家的力量,对问题进行有效解决。主动性原则就体现在公益诉讼现实的迫切需要上。

（二）拓展公益诉讼案件范围的法治路径

《中共中央关于制定国民经济和社会发展第十四个五年规划和二〇三五年远景目标的建议》中提出:"完善以宪法为核心的中国特色社会主义法律体系,加强重点领域、新兴领域、涉外领域立法……。"该建议为拓展公益诉讼范围提供了路径指引。从实践来看,目前是以何种法治方式完善立法,还值得进一步研究。

第一,立法解释和司法解释不足以从根本上拓展公益诉讼案件的范围。《立法法》第45条规定:"法律解释权属于全国人民代表大会常务委员会。法律有以下情况之一的,由全国人民代表大会常务委员会解释:(一)法律的规定需要进一步明确具体含义的;(二)法律制定后出现新的情况,需要明确适用法律依据的。"《人民检察院组织法》第23条中规定:"最高人民检察院可以对属于检察工作中具体应用法律的问题进行解释。"《人民法院组织法》亦有相应规定。尽管立法机关和司法机关可以根据立法的目的、原则和原意作出扩大解释,但其解释不能超出法律用语之含义的最大范围;无法将《宪法》《刑法》《民法典》和行政法中的国家利益、社会公共利益和集体利益相互混同。具体来说,既不能将《民事诉讼法》第55条第2款"……等损害社会公共利益的行为……",解释为也包括损害国家利益和集体利益;也不能将《行政诉讼法》第25条第4款"……致使国家利益或者社会公共利益受到侵害的……",解释为包括致使集体利益受到侵害。

当然,全国人大常务委员会可以将保护国家利益和集体利益"明确适用"《刑事诉讼法》第101条规定的"国家财产、集体财产"。最高人民法院和最高人民检察院有权对《民

① 《行政诉讼法》第25条第4款规定:"人民检察院在履行职责中发现生态环境和资源保护、食品药品安全、国有财产保护、国有土地使用权出让等领域负有监督管理职责的行政机关违法行使职权或者不作为,致使国家利益或者社会公共利益受到侵害的,应当向行政机关提出检察建议,督促其依法履行职责。行政机关不依法履行职责的,人民检察院依法向人民法院提起诉讼。"

事诉讼法》第 55 条第 2 款和《行政诉讼法》第 25 条第 4 款中的“等”作出其未列举出的其他社会公共利益的解释。但这并非治本之策，应当按照党的十九届五中全会精神“有效发挥法治固根本、稳预期、利长远的保障作用，推进法治中国建设”[①]的要求，体系性地修改三大诉讼法。

第二，通过分别修改单行法律也不足以从根本上拓展公益诉讼案件的范围。《英雄烈士保护法》已将侵害英雄烈士的姓名、肖像、名誉、荣誉列入公共利益的保护范围。[②]《未成年人保护法》也将损害未成年人利益列入公益诉讼案件的范围。尽管检察机关“对人民群众反映强烈的安全生产、互联网、妇女儿童权益保护、扶贫以及国防、军事等领域公益损害问题，积极以对党和人民高度负责的态度慎重履职、担当作为。”[③]但是，其拓展公共利益案件的范围也是有限的。笔者认为，分别修改单行法律虽然具有重要价值，但不利于及时和系统地填补公益诉讼案件范围的法律空白。

第三，以专项决定方式修改三大诉讼法有利于系统性地拓展公益诉讼案件范围。探索建立检察机关公益诉讼制度改革试点结束后，全国人民代表大会常务委员会于 2017 年 6 月 27 日作出了《关于修改〈中华人民共和国民事诉讼法〉和〈中华人民共和国行政诉讼法〉的决定》，该修法模式值得继续沿用。如果通过分别修改三大诉讼法和其他单行法，来拓展公益诉讼案件范围，其成本过高且耗时过长，不利于及时地维护经济社会发展和保障民生。笔者建议，以拓展公益诉讼案件范围为重点，同时解决各类公益诉讼案件的管辖、鉴定、检察机关调查权，起诉主体的诉讼地位与顺位排序等问题，由全国人大常委会作出关于拓展公益诉讼案件范围等的决定，更有利于完善国家公益保护的法治体系。

在立法技术层面，目前的《民事诉讼法》《行政诉讼法》对于公益诉讼案件范围的立法模式为列举重点加“等”的兜底模式，由于其重点在不同时期具有可变性，“等”中的内容可能在某些时期也重要，如在抗击新冠肺炎的初期，将保护野生动物置于公益保护中更为突出的位置。笔者认为，根据《宪法》等法律，三大诉讼法中的公益诉讼案件范围宜为：国家利益、社会公共利益和集体利益；同时，由最高人民法院和最高人民检察院根据《刑法》《民法典》和行政法的调整范围，对公益诉讼案件具体范围作出专项司法解释。

---

① 《中共中央关于制定国民经济和社会发展第十四个五年规划和二〇三五年远景目标的建议》。

② 第十三届全国人民代表大会常务委员会第二次会议于 2018 年 4 月 27 日通过的《英雄烈士保护法》第 25 条规定，“对侵害英雄烈士的姓名、肖像、名誉、荣誉的行为，英雄烈士的近亲属可以依法向人民法院提起诉讼。英雄烈士没有近亲属或者近亲属不提起诉讼的，检察机关依法对侵害英雄烈士的姓名、肖像、名誉、荣誉，损害社会公共利益的行为向人民法院提起诉讼”。

③ 最高人民检察院张军检察长于 2019 年 10 月 23 日在第十三届全国人民代表大会常务委员会第十四次会议上所作的《关于开展公益诉讼检察工作情况的报告》。

政府信息公开司法审查的特点、问题及对策研究

沈定成*

摘要:政府信息公开司法审查制度是督促政府及相关部门信息公开的一项司法活动,它保障了公民的知情权、参与权、表达权、监督权。我国的政府信息公开司法审查制度建设并不是一帆风顺的,在司法实践中,呈现个案标的数额低与滥诉数量高发形成对比、涉及领域和分布地域相对集中、司法权行使结果过于保持克制的特点。与此同时,我国政府公开司法审查制度也凸显出了滥诉标准确定难、审理规则掌握难、争议实质性解决难的现实问题。因此,司法审查中有必要处理好必要性和可行性,成本和收益,司法公正和司法为民等之间的关系。

关键词:政府信息公开　司法审查　司法实践

为了确保公民知情权的实现,国家制定并实施了《政府信息公开条例》,对政府及相关部门的信息公开工作进行全面定期考核,检查督促具有公共事务管理职能的组织公开政务信息的情况。对于《政府信息公开条例》的实施必须是全面实施,实施后还要有配套的、全面的、定期的考核,以便监督检查政府信息公开情况的落实。《政府信息公开条例》(以下简称《条例》)从 2008 年实施以来,其贯彻落实取得了长足的进步,公民知情权的保障和实现有了较大改观。但在政府信息公开司法审查方面依然是司法体制中较为薄弱的环节,因此,本文将阐述政府信息公开制度的法治内涵,并立足我国的司法实践,总结我国政府信息公开司法审查制度的特点和面临问题。

一、政府信息公开审查制度的法治内涵

政府信息公开司法审查是一种确保国家法律得到执行的活动。"宪法明确确认了

---

* 沈定成,中国法治现代化研究院研究员,江苏省法学会研究处副处长。本文系江苏省第五期"333 高层次人才培养工程"科研资助项目《政府信息公开司法审查制度研究》(课题编号:BRA2020274)研究成果。

‘人民主权’原则，由人民来行使管理国家和社会公共事务的权力；公众有效行使国家权力的基本前提，便通过各种合法的途径和形式，全面而真实地把握有关国家和社会的信息……人民主权才能真正得以实现”[①]人民主权与知情权是密切相关的，公民若是没有知情权，则人民主权就不能得到很好的实现。因此，政府信息公开司法审查是保障宪法及其他法律法规得以有效执行的强有力的保障。

此外，政府信息公开司法审查还是一种对行政权力进行监督的活动。人民法院对行政主体的行政行为进行司法审查，所起到的监督作用是显而易见的。国务院《全面推进依法行政实施纲要的通知》对行政主体依法行政提出了要求：“行政机关实施行政管理，应当依照法律、法规、规章的规定进行；没有法律、法规、规章的规定，行政机关不得作出影响公民、法人和其他组织合法权益或者增加公民、法人和其他组织义务的决定。”据此，法院在政府信息公开司法审查过程中，对行政主体政府信息公开的程序问题和实体问题进行审查，前者如对公开的方式、公开的时间、公开的步骤以及公开的主体等进行审查，后者如对公开的内容、范围、利益平衡以及各种义务的履行和公民权利的保障进行审查。[②] 通过这些司法审查，无疑能在最大限度上对行政主体的行政行为进行监督。

然而，我国在推进政府信息公开司法审查制度的道路中并不是一帆风顺的。《条例》的颁布实施为政府信息公开的司法审查奠定了坚实的基础。但这毕竟是一项全新的制度，需要一个长期实践、不断发展的过程。由于政府信息公开案件与传统行政案件相比，有其自身的特点，再加上《条例》的一些规定过于抽象、弹性较大，所以必须在总结以往案例的基础上，分析出基本特点，提炼出司法审查各个阶段的难题，以便为政府信息公开的司法审查铺平道路。

二、政府信息公开司法审查的基本特点

通过对 2014 年最高人民法院发布的政府信息公开十大案例的分析，以及同年江苏 726 件一审政府信息公开行政案件的统计分析，再利用 Alpha 案例库对 2019 年新《条例》刚刚适用后搜索出的 29462 件全国政府信息公开一审行政案件的可视化分析，可以得出政府信息公开司法审查的三个明显的特点。

（一）个案标的数额低与滥诉数量高发形成对比

无论从最高人民法院发布的十大案例，还是江苏的 726 件一审行政案件都难觅有标的额的诉求。即使对 29462 件全国政府信息公开的一审行政案件的标的额进行可视化分析，也才显示标的额的案件占到全国行政案件总数的 0.15%，其中为 50 万元以下的案件数量有 38 件，50 万元至 100 万元的案件有 5 件，100 万元至 500 万元的案件有 1 件（见

---

① 张龙：《行政知情权的法理研究》，北京大学出版社 2010 年版，第 176 ~ 177 页。

② 郭晓嫚：《政府信息公开的行政诉讼探析》，西南财经大学 2012 年硕士学位论文，第 12 页。

图1)。这样的现象表面上让人不解,但其实是当事人的诉求在政府信息公开案件中除了满足知情权之外,明显被隐藏了。与其他行政案件不同,少数政府信息公开案件原告方会有令人惊讶的动力提起超出常人的诉讼数量,相关政府信息公开的本身往往并不是原告提起诉讼的最终目的,当事人暗潮汹涌的实体权益诉求潜伏在了知情权大旗之下,在其滥诉的背后,真实诉求不是为了其他诉讼寻求相关证据,就是借政府信息公开诉讼向行政机关施加一定的压力,以此促使行政机关解决当事人的其他问题。

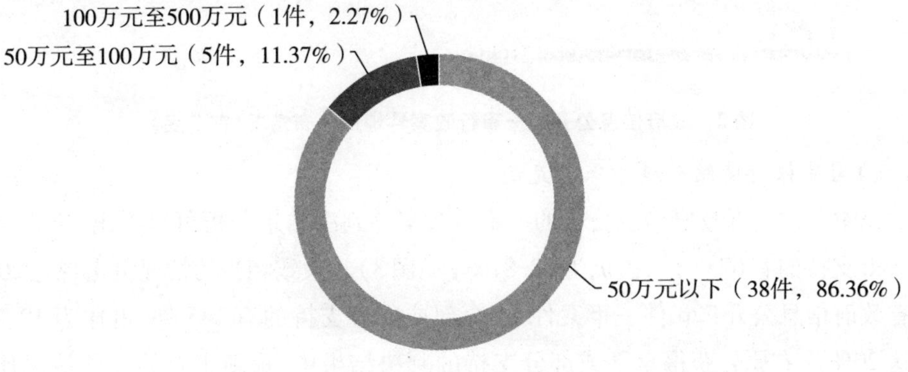

图1　全国政府信息公开的一审行政案件标的额分析

(二)涉及领域和分布地域相对集中

从江苏的726件政府信息公开行政案件中当事人所申请公开的信息类别来看,涉及国土、建设、房屋、规划、公安、物价、环保、工商、社会保障等诸多行政领域。相对而言,当事人所申请公开的信息涉及城市房屋拆迁、农村集体土地征收的案件数量占所有政府信息公开行政案件总数的75%左右,对应地政府信息公开行政案件中的被告也明显集中在国土、建设以及规划等部门。从最高人民法院发布的十大案例来看,当事人所申请公开的信息涉及国土资源管理局和房产管理局为6件,占比为60%。从被告方进行可视化分析,可以看出除了地方政府外,当事人所申请公开的信息所涉及的前五位还是突出表现在国土、建设等部门。显而易见的是,这些领域都和人民群众现实经济利益密切相关。

在地域分布方面,江苏的726件一审政府信息公开行政案件主要集中在南通、南京、苏州,3个设区市收案数量占到全省收案总数的59.50%。而十大案例由于要照顾方方面面,所以散布在北京市、天津市、山东省、上海市、江苏省、浙江省、湖南省、福建省、海南省等9个省市,但还是集中在经济发达地区。Alpha案例库地域分析可视化(柱图)默认对地域分布的前5名进行排名(见图2),前5位的省市是北京市、上海市、江苏省、四川省、河南省,如果说前5位还有交叉的话,那么把一审收案的视角定格在前3位就不难看出,政府信息公开一审收案前3位的省市是北京市、上海市、江苏省,由此可见政府信息公开行政案件相比总体上的行政案件更为集中在经济发达地区。

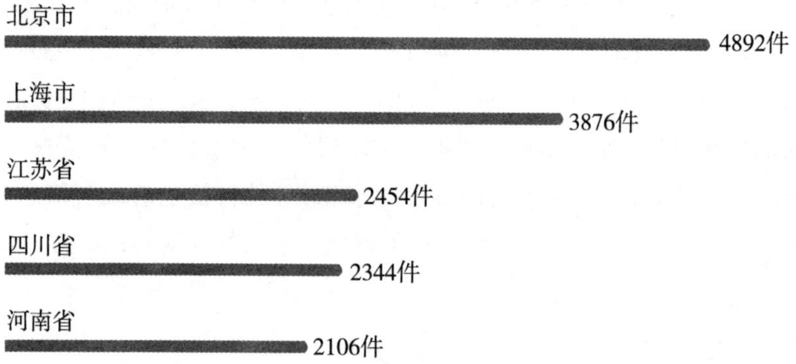

图 2 政府信息公开的一审行政案件地域分布情况(前 5 名)

(三)司法权行使结果过于保持克制

对 29462 件全国政府信息公开的一审行政案件判决结果分析可以看出,原告全部或部分获得支持的有 6737 件,占比为 22.81%(见图 3)。大致相当的情况也出现在 2014 年江苏省政府信息公开 726 件一审案件中,全部或部分支持的有 143 件,占比为 19.70%。而在这 20% 左右原告获得全部或部分支持的判决结果中,重新审查答复的情况比比皆是。非常典型的是最高人民法院发布的十件案例的司法审查的裁判结果,除了有 1 件判决驳回诉讼请求外,剩下判决被告败诉的 9 件,其中有 7 件的判决结果均明确要求被告重新审查答复,是否公开以及公开范围由被告自行认定(见表 1)。这种人民法院在政府信息公开案件司法审查中体现出来的相对谦抑精神,说明了在司法审查的过程中司法权对行政权监督比较克制,不单纯地以司法认定代替行政判断。江苏省一审案件被告败诉的 143 件案件中有 54 件要求被告重新审查答复的判决结果也很好地说明了这一点,由此看来,原告获得的 20% 左右的蛋糕又眼睁睁地被划走了不小的一块。

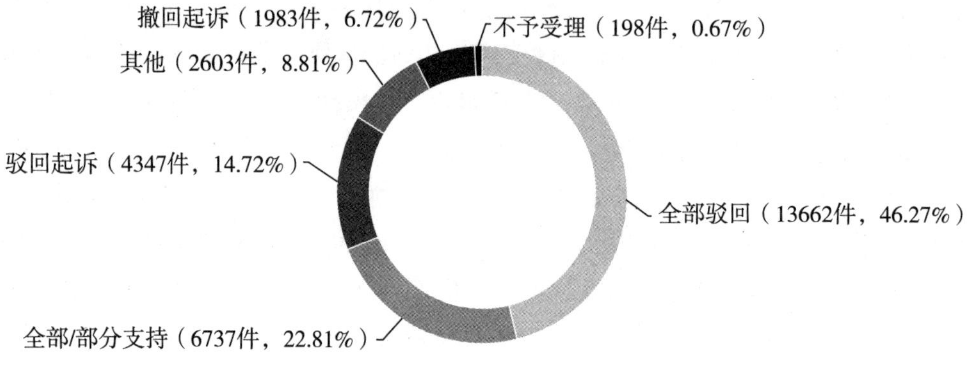

图 3 全国政府信息公开案件一审裁判结果情况

表1 最高人民法院发布的十件案例的司法审查裁判结果

序号	名称	裁判结果
1	余穗珠诉海南省三亚市国土环境资源局案	判决撤销被告《政府信息部分公开告知书》中关于不予公开部分的第二项答复内容，限其依法按程序进行审查后重新作出答复。
2	奚明强诉中华人民共和国公安部案	判决驳回上诉，维持一审判决。
3	王宗利诉天津市和平区房地产管理局案	判决撤销被诉《涉及第三方权益告知书》，并要求和平区房管局在判决生效后30日内，重新作出政府信息公开答复。
4	杨政权诉山东省肥城市房产管理局案	判决撤销一审判决和被诉答复，责令被告自本判决发生法律效力之日起15个工作日内对杨政权的申请重新作出书面答复。
5	姚新金、刘天水诉福建省永泰县国土资源局案	判决撤销一审判决，责令永泰县国土资源局限期向姚新金、刘天水公开"一书四方案"。
6	张宏军诉江苏省如皋市物价局案	判决被告于本判决生效之日起15个工作日内向原告公开"皋价发〔2009〕28号"文件的附件一(2)。
7	彭志林诉湖南省长沙县国土资源局案	判决撤销被诉答复，责令被告30个工作日内重新予以答复。
8	钱群伟诉浙江省慈溪市掌起镇人民政府案	判决撤销被告慈溪市掌起镇人民政府作出的政府信息公开答复；责令其在判决生效之日起30日内对钱群伟提出的政府信息公开申请重新作出处理。
9	张良诉上海市规划和国土资源管理局案	判决撤销被诉政府信息公开答复，责令被告重新作出答复。
10	如果爱婚姻服务有限公司诉中华人民共和国民政部案	判决撤销民政部所作《政府信息告知书》，并判决民政部应于本判决生效之日起60日内针对如果爱公司的政府信息公开申请重新作出具体行政行为。

三、政府信息公开司法审查的凸显问题

上述政府信息公开行政案件的基本特点反映出政府信息公开行政争议所隐含的社会冲突在特定范围内日益显现。政府信息公开行政案件的司法审查在立案阶段表现为滥诉标准确定难，审理阶段表现为审理规则掌握难，裁判阶段表现为争议实质性解决难，以及信息公开推进难。如果仍将政府信息公开司法审查停留于一般行政行为司法审查，那么人民法院面对政府信息公开行政案件的司法审查面临突出的司法难题就会更加棘手。

(一)滥诉标准确定难

为充分保障行政相对人知情权的实现，《条例》以公开为原则，以不公开为例外。在实践中，当事人的诉求在政府信息公开案件中除了满足知情权外明显被隐藏了，出现个别行政相对人短时间频繁、大量地申请政府信息公开，导致面向公众有限行政资源深陷

泥潭。同时,也要看到滥诉对个案来说是个浪费行政和司法资源的行为,但客观上,放在宏观层面考虑也不失为推动整体政府信息公开的一个强有力的触动因素。为此,针对滥诉的规制必须要有,但也一定要在实现政府信息公开司法审查的最高层级的诉讼目的,也就是保障知情权的情况下谨慎适用。修订后的《条例》赋予了行政机关规制的手段,分别在《条例》第 35 条和第 42 条予以明确。一是不予处理。这种情形是在认为申请人申请公开政府信息的数量、频次明显超过合理范围时提出的说明理由不合理的情况下,所对应的处理方式;二是延迟答复。这种情形是在认为申请人提出的理由合理,但无法在规定的期限内答复,所对应的处理方式;三是收取费用。这种情形是在认为申请人申请公开政府信息的数量、频次明显超过合理范围时做出的。

在行政相对人的利益需求得不到满足后,行政诉讼在所难免,行政相对人转身变成的原告扛着知情权的旗帜,夹带着或明或暗的以经济利益为主的权益诉求要求法院作出司法审查。如果这样的司法审查被一而再、再而三地启动,司法资源也将和深陷泥潭的行政资源一样难以自拔,那么在以往行政机关没有认定滥用知情权的情况下,对滥诉的司法审查是否有借鉴意义,以及行政机关在认定滥用知情权的行政情况下如何应对滥诉的司法审查确定一个相对具体的评判标准,从而在知情权保障和滥诉规则实践中准确把握尺度,使认定标准成为一条挣脱泥潭的结实缆绳。

(二)审理规则掌握难

根据《条例》的规定,从申请人申请公开政府信息开始,到行政机关最终公开相关信息,行政机关要依次对以下事项进行审查:申请人的申请在形式上是否符合要求;申请人申请公开的是否属于政府信息、本机关是否存在此类政府信息;此类政府信息是否应当由本机关公开;此类信息是否涉及国家秘密、商业秘密或个人隐私;公布该信息是否会影响“三安全一稳定”。行政机关只有对上述事项进行依次审查,在申请人的申请符合上述条件的前提下,才能公开相关的政府信息。换言之,上述的审查事项都可以构成拒绝申请人政府信息公开申请的法定事由。行政机关的审查顺序对法院的审理和裁判将会产生重大影响。虽然政府信息公开的司法审查的审理过程中,人民法院应当对被诉行政行为的合法性进行全面审查,不受原告诉讼请求和诉讼理由的限制,但行政诉讼“审被告”的特点,决定了诉讼过程中的司法审查将主要围绕被诉行政行为的合法性进行审查。行政机关作出行政行为具有相应的顺序,法院的司法审查同样也要受这种顺序的影响。如果法院认为行政机关拒绝公开相关信息的理由不能成立,但由于行政机关未对公开特定信息的后续条件进行审查并作出是否符合公开条件的判断,且鉴于司法审查的过程中司法权对行政权监督比较克制,不单纯地以司法认定代替行政判断,法院一般也不宜在审理过程中直接认定申请人的申请是否符合后续的审查条件。

除此之外,政府信息公开行政案件具有许多不同于传统行政案件的特点,在司法审查过程中,既要对被诉行政作为或不作为进行合法性审查,又要对相关政府信息是否应予公开进行合法性审查;既要保障审理程序的公开、公正和各方当事人平等行使诉讼权利,也要防止在诉讼程序中变相公开一些不应公开的政府信息;既要对原告关于政府信息公开方面较少标的额诉求进行裁判,又要对随后而来的涉及相当大的实际利益的相关诉讼进行预估等,而现行的行政审判规则着重调整的是行政权和司法权之间的关系,诉讼目的过于集中在监督行政权上,如套用一般的行政行为的司法审查的审理规则,极有可能导致不能很好适应政府信息公开行政案件审理的实践需要。

(三)争议实质性解决难

在很多政府信息公开案件中,特别是涉及领域和分布地域相对集中的国土、建设以及规划等部门的案件,原告获取政府信息往往并非诉讼的最终目的,而是其为实现其他诉求的准备或手段,因此如果他的知情权都得不到有效保障的话,原告的深层次的诉求就更无从谈起了。而且即使原告在司法判决中获得支持,但后续保障措施没有及时有效地跟上,反而带来的结果是对被告信息公开行为进一步的监督和引导的缺失,信息仍然不公开或部分不公开将成为惯例,这也就可能使双方陷入循环往复的司法审查中,既不利于保障当事人合法权益,也不利于对信息公开的引导,更不利于争议的实质性解决,从而导致政府信息公开审查的诉讼目的无法有效实现。

如上文所述,政府信息公开诉讼案件中,司法权行使结果过于保持克制,究其原因,很大程度上是由于权力的谦抑原则在司法审查中运行结果导致的。权力的谦抑原则是指国家公权力,特别是司法权行使时需尽量保持克制。克制针对两方面的内容:在涉及其他公权力时要避免权力之间发生冲突;在面对公民权利时要尊重权利自治,避免过度干预。① 可见权力的谦抑包含两个层面的内容:一是对其他国家权力的谦抑;二是对公民权利的谦抑。然而,并不是所有的权力都要遵循谦抑原则,典型的具有谦抑性的权力为司法权,谦抑性被称为司法权的美德。司法权的谦抑性是由其既无强制,又无意志的特点决定的。② 而其他权力,如行政机关的权力在解决环境问题等具有综合性、多样性、复杂性、不确定性、动态性的社会公共问题时,具有灵活、积极、效率、专业等特征。因而司法机关只有自制与自律才能受到其他部门的尊重。司法权的谦抑固然是美德,但受我国传统行政诉讼"重权力监督、轻权利救济"目标定位和价值取向的影响,我国采取严格的合法性审查作为行政诉讼的审理对象,旨在通过对行政权的监督来保障个体合法权益。反观之前的司法实践,在政府信息公开司法审查中,裁判者并未将公民的知情权保障作为主导,更不利的是,保持司法权的谦抑的同时,还是完全套用行政诉讼的老套路。概言之,忽视了以实质性解决为基础目的,使公民知情的权利之实现变得难上加难。

---

① 参见张龙:《行政知情权的法理研究》,北京大学出版社2010年版,第176~177页。

② 吴天昊:《司法谦抑:司法权威的道德基础》,载《上海行政学院学报》2007年第1期。

四、政府信息公开司法审查的对策

司法救济作为公民权利保护的最后一道屏障,应当发挥政府信息公开司法审查其应有的功能和作用,在当前情况下,需要坚持稳妥、合理、主动的指导思想,妥善处理好以下几方面的关系:

(一)稳妥处理必要性和可行性的关系

现阶段,政府信息公开呈现局部矛盾对抗性强的特点,主要表现为两个方面:一是申请人与被申请人之间存在明显的利益对抗。在现代社会,信息逐渐成为人们赖以生存和发展的重要资源,在社会生活中发挥着巨大作用,公民渴望得到更多的信息指导自己的生活,故而也要求信息资源的重要掌握者——政府及时全面地公开信息。同时,大部分案件的当事人申请公开政府信息,都具有满足知情权之外的间接目的,为提起其他诉讼寻求相关证据,或是借政府信息公开诉讼向行政机关施加一定的压力,促使行政机关解决当事人的实体权益问题。二是政府信息公开制度与现行的行政管理体制之间存在一定程度的对抗。这种对抗性表现为两个方面:第一个方面是理念的对抗。现行的行政管理理念是为民做主理念、效率优先理念、结果评价理念。在这种理念支配下的行政管理体制基本属于管理型政府模式,与政府信息公开制度所倡导的服务型政府模式不同。它不注重公众参与,不注重过程公开,也不注重信息资源的分享。第二个方面是制度的对抗。《条例》确立了"以公开为常态、不公开为例外"的原则,并扩大了主动公开的范围和深度。但是,由于此前我国传统行政管理长期处于一个封闭运行的状态,事关民生的重大决策从动议到过程再到结果不公开的情况比较普遍,信息管理严重缺失。外加受到保密制度和档案制度不规范的影响,很多信息目前仍属不能公开的范围。清理工作任务繁重,政策性强且技术难度大,与信息公开制度相配套的体制、机制建设尚有一个逐步完善、自律和自我适应的过程。上述两方面的矛盾实则为现阶段政府信息公开的必要性和可行性的关系问题,法院在司法审查过程中应注意平衡两方利益,既要保障当事人申请信息公开的需要,同时又要考虑到行政机关现有的行政管理状况。

(二)合理处理成本和收益的关系

对于应当主动公开和当事人有权获知且能够公开的政府信息,法院支持并监督行政机关依法公开,保障当事人获取信息的权利。与信息公开较为成熟的一些西方国家相比,我国进入行政诉讼的政府信息类型略显庞杂。其中一个根本原因在于,我国的政府信息公开尚处于初级阶段,很多应属可以公开范围的政府信息却被束之高阁,不得已才进入司法审查范围。这不仅给相对人增添了诉讼成本,还对法院的工作量和法官的综合素质提出了更高要求,更使行政机关在处理大量行政公务的同时疲于应对众多且繁杂的信息公开申请。依此而言,政府部门的积极、主动作为,特别是在政府信息主动公开方面的尝试和努力,将应当主动公开的和当事人有权获知且能够公开的政府信息,以适当方式主动公开,或许比被动地接受大量信息公开申请、等待司法诉讼的推动要来得更为及时彻底、更为高效便民。

此外,法院应鼓励行政机关以尽可能便捷、便宜的方式公开政府信息。在政府信息公开过程中,无论是申请一方的当事人,还是公开一方的行政机关,均需减少成本,追求收益的最大化,这也符合建设节约型社会的要求。

(三)主动处理司法公正和司法为民的关系

行政审判是依法行政的监督机制、评价机制和促进机制。法院要注重发挥裁判的指导评价作用。在重视协调和解实现司法公正的同时,也要充分发挥判决在规范行政执法、提升法治意识、树立司法权威方面不可或缺的作用。但同时也要摒弃“唯协调论”的错误认识,防止出现行政机关应在行政程序中依申请公开政府信息演变为在诉讼程序中依法院责令公开政府信息。人民法院不能放弃对具体行政行为的合法性审查,对确实存在违法情形的应当判则判,通过正确认定事实、适用法律和选择适当的裁判方式,督促行政机关依法履行政府信息公开法定职责。法院行政审判在坚持公正司法的前提下,应树牢以人民为中心的发展思想,充分发挥行政审判的独特优势,积极把体现人民利益、反映人民愿望、维护人民权益、增进人民福祉的要求落实到司法审查中,进一步拓展行政审判职能,对行政审判中发现的问题,通过发送司法建议、向政府发送专项报告、与行政机关举行培训座谈等多种形式促进和支持行政机关依法行政。同时,还应积极探索服务行政法治建设的新机制、新举措,推动政府信息公开制度的日益完善,推动阳光政府、法治政府、服务型政府的构建。在政府信息公开诉讼中,优先保障实质性权利的实现,或者说将权利救济和权力监督放到同等重要的位置,可能更有利于纠纷的实质性解决,不断增强人民群众的获得感、幸福感、安全感。

主题研讨

《民法典》视域下表见代理中本人可归责性问题研究

孙昌华　郁洪鹏　邹　培*

摘要：我国《民法典》中关于表见代理的表述几乎照搬了《合同法》的规定，因此表见代理的构成是否要求本人具有可归责性这一问题仍不明确。无论是基于我国司法实践考量，抑或是域外国家和地区法律比较，本人可归责性均作为表见代理的构成要件之一。在实务当中可通过司法解释，确认将本人可归责性作为表见代理的构成要件之一。这是《民法典》保护本人利益与保护交易安全两种法律价值相互博弈的结果，能平衡本人与善意相对人之间的利益关系。

关键词：民法典　表见代理　本人可归责性

一、问题的提出

作为私法上保护信赖利益及交易安全的一项制度，表见代理的构成要件在理论界及实务界素有争议，有所谓单一要件说与双重要件说。前者认为只要存在"相对人有理由相信行为人有代理权"之情形即可构成表见代理；后者则认为除上述要件外，尚需考察本人与代理权表象之形成是否具有关联性。而对于这种关联性的本质，又有过错与可归责性两种观点。

这些争议首先与我国民事立法不完善密切相关。1986 年《民法通则》、1987 年《最高人民法院关于在审理经济合同纠纷案件中具体适用〈经济合同法〉的若干问题的解答》虽然涉及表见代理，但仅限于特定情形，且未对表见代理的概念予以明确化。直到 1999 年

---

* 孙昌华，江苏省连云港市连云区人民检察院副检察长；郁洪鹏，江苏省连云港市连云区人民检察院第五检察部主任；邹培，江苏省连云港市连云区人民检察院检察官助理。

《合同法》正式颁布,该法第49条才明确规定表见代理,但《合同法》的规定显然过于原则化。2009年《最高人民法院关于当前形势下审理民商事合同纠纷案件若干问题的指导意见》中,虽将司法实务中认定是否为表见代理的考量因素加以细化,但在构成要件上仍遵循《合同法》第49条。

2020年5月28日,我国立法机关表决通过《民法典》,其第172条规定了表见代理,除个别字词不同外,完全承袭《合同法》第49条,未见立法上之变化。目前我国的法律和司法解释对表见代理的规定存在概括性与模糊性,给法律解释留下较大的空间。实务中,关于表见代理之认定,全由法官就具体个案具体分析,并无统一标准,因此,关于表见代理构成要件的诸多争议非但没有因为上述法律和司法解释的出台而平息,反倒有愈演愈烈之势。

二、本人可归责性应作为表见代理构成要件

保护相对人信赖利益和维护交易安全是表见代理的制度价值所在。就构成要件而言,相对人有理由相信行为人有代理权仅能解决相对人应当加以保护的正当性问题,但不能解决为何由本人承担不利益的正当性问题。因为,由行为人承担行为后果,亦可保护相对人利益。同时,表见代理本质上为无权代理,因发生代理权而使本人承担同于有权代理之法律效果,对本人而言系一种不利益之附加。依法理,任何不利益之附加都应具有正当性理由。所以,表见代理之构成要件需从严把握,使本人因合理化的归责基础而承担不利益,此所谓合理化的归责基础即为本人可归责性。

(一)基于私法自治的原则

私法自治是民事法律制度的核心要义。民事主体义务的负担,应以其自身行为作为发生原因。在有权代理中,本人因授予代理权的意思表示而承担代理行为的后果。在狭义无权代理中,本人无授予代理权的意思表示,故不必承担代理行为的后果,仅在其有追认的意思表示时方承担代理行为的后果。在这两种情况下,本人承担责任均以其授权的意思表示作为必备要素。如果代理权表象的形成不仅不是基于本人意志产生的,而且与本人无任何关联,就不能推定本人具有任何授权的意思表示。在此情况下,若仍认定成立表见代理,无异于让本人为他人行为承担后果,显然对本人过于严苛,必然对私法自治原则产生极大的冲击。因此,在表见代理中,“相对人有理由相信行为人有代理权”,是相对人因本人与代理权表象之间具有某种关联,而推定本人对行为人有授予代理权之意思表示,立法者经比较权衡对该信赖利益予以保护,方使本人承担代理行为的后果。因此,意思自治的原则要求必须存在本人与代理权表象之间的归责性,方可成立表见代理。[①]

---

① 参见周清林:《合力类型化的无权型表见代理确定》,载《政法论坛》2018年第1期。

(二)基于利益衡平的原则

同意思自治一样,利益衡平是民商事法律制度的另一重要原则。表见代理的制度价值在于,当本人利益的静态安全与相对人信赖利益的动态安全之间发生冲突时,经权衡而侧重保护交易安全。但保护交易安全并非绝对,片面强调相对人信赖利益之保护,而对本人利益全然忽视,显然违背利益冲突双方的平衡性。若使所有无权代理对本人均不发生法律效力,是只保护本人利益而忽视善意相对人的信赖利益,将导致利益失衡;若使相对人代理权表象作为表见代理的唯一构成要件,则只保护了相对人利益而忽视本人利益,同样将导致利益失衡。因此,表见代理的制度设计既不能违背公平正义原则,又要兼顾善意相对人的信赖利益和本人的正当利益,通过制度设计最大限度地实现本人与相对人利益的弹性制衡。若本人不具有可归责性,与无权代理的产生没有任何关联,更无法控制行为造成的后果,却由其承担表见代理的责任,显然与理相悖。① 且将鼓励假冒他人名义为自己牟利,必使本人利益受到破坏,非但维护交易安全无益,甚至会极大破坏交易安全,违背公平正义原则。同时,与善意取得一样,表见代理是体现外观主义的一项重要制度,但外观主义并非民商事法律的基本原则,其作为保护交易安全设置的例外情形,仅体现在具体规则当中,应严格把握适用边界,避免泛化和滥用,注重权利的实质归属,不单纯的取决于权利外观。

(三)基于风险分担的原则

凡交易必有风险。表见代理的制度价值在于维护交易安全,其制度设计必以风险产生与分担作为重要考量因素。代理权的表象是本人风险范围内的因素导致的,风险范围的确定并非纯粹的事实问题,而是事实判断与价值考量的结合。具体而言,在无权代理情形中,应当考察以下的因素,从而判断是否由本人承担代理权表象的风险。第一,本人的行为是否产生了不必要的风险。若本人的行为产生了不必要的风险,理应自己承受该风险,在符合表见代理的其他构成要件的基础上,应当认定表见代理成立。第二,在本人与相对人二者中,哪一方对风险的控制力更强。如果代理权表象是由本人作出的有瑕疵的授权意思表示引发的,那么理应由本人承受由此引发的风险。因为这种情况下,只有本人才能够控制风险及瑕疵的产生。第三,本人与相对人谁承担风险更符合公平原则。如果难以判定风险制造者和控制者,应基于利益与风险相一致原则分配风险,即享受利益者承担风险。反之,如果代理权表象之风险并非本人制造,亦不在其可控范围内,更未因该风险有可获得之利益,则不应认定成立表见代理。②

(四)基于比较法上的考察

通过对不同国家和地区民事立法和司法实践的考察,可以发现,英美法系及大陆法

---

① 参见何闻:《表见代理的司法运用状况及问题分析》,载《佳木斯职业学院学报》2018 年第 4 期。

② 参见姚黎黎:《论表见代理的构成要件》,载《运城学院学报》2015 年第 4 期。

系均将本人可归责性作为表见代理的构成要件之一。

1. 在英美法系,表见代理即为不容否认代理,是指如果本人的言论或行为使善意相对人有理由认为,与相对人缔结法律关系的行为人是本人的代理人,那么对于代理关系的相对人来说,假定的被代理人不得否认其与假定代理人之间的代理关系,即便客观上不存在代理权的授予事实,缔结法律的关系也依然有效。

此外,英美法系将“被代理人是受相对人欺诈和其他不正当行为的影响授权意思表示的”这一情形排除在表见代理之外。这样,一方面,让相对人产生信赖外表授权的“本人的言论”即为本人可归责性;另一方面,在本人受欺诈而为授权表示时,排除本人可归责性,此时不成立表见代理。①

2. 在大陆法系,各国民法对表见代理大多采取类型主义的立法模式,而非从构成要件角度对表见代理作出一般性规定。

《德国民法典》中虽然未采用“表见代理”的概念,但是德国司法判例以《德国民法典》第 170 条至第 173 条以及《德国商法典》第 56 条为蓝本,发展出了表见代理制度,主要包括以下三种类型:一是代理权消灭之后,本人未作通知的表见代理;二是本人以明示方法通知相对人,行为人享有代理权的表见代理;三是被代理人将授权凭证交给代理人,代理人向相对人出示委托书时的表见代理。其中,本人未通知代理权已消灭、本人授予代理权的表示、未收回授权书或宣告授权书无效,分别是三种类型表见代理的构成要件,显然均包含本人可归责性。

《日本民法典》对表见代理作出了列举性的规定,成为表见代理制度的典型。列举出的三种表见代理分别为:代理权授予表示的表见代理、权限外行为的表见代理、代理权消灭后的表见代理,相应的条文中均没有提及本人归责性问题,但是立法列举的类型之中已隐含了归责性的要求。

值得注意的是,我国《澳门民法典》是少有的于条文上明确规定本人归责性要件的立法例,明确将“被代理人曾有意识地促使此第三人对该无代理权之人产生信任”作为表见代理的构成要件。

(五)基于我国立法及司法实践的考量

我国表见代理制度的主要法律依据为《民法典》第 172 条,文义上并未明确将本人可归责性作为表见代理的构成要件,但通过条文的体系解释、历史解释及司法实践可得出我国表见代理之构成要件包含本人可归责性。

首先,需要对“没有代理权”这一表述作限缩解释。因为如果仅按文义将“没有代理权”理解为所有没有代理权的情形,则将“超越代理权”和“代理权终止后”两种情形包含在内,这显然违反立法逻辑。因此,“没有代理权”应当解释为存在授权表象但实际未授

---

① 参见罗瑶:《法国表见代理构成要件研究》,载《比较法研究》2011 年第 4 期。

权。如此,可将《民法典》中表见代理限定为三种类型:授权表示型、权限逾越型、权限延续型。从以上三种类型可以看出,表见代理中,本人均具有典型的可归责性。

其次,《最高人民法院关于在审理经济合同纠纷案件中具体适用〈经济合同法〉的若干问题的解答》(已失效)中,对"单位介绍信、合同专用章或者盖有公章的空白合同书"等代理权表象,区分使用者系借来抑或盗用而作出不同的安排。借用的,出借者需承担连带责任;盗用的,则被盗者不承担任何责任。该规定虽然存在不合理之处,且现已失效,但却在司法实践当中为表见代理确立了以本人可归责性作为构成要件的原则。

最后,《最高人民法院关于当前形势下审理民商事合同纠纷案件若干问题的指导意见》中明确规定,司法机关必须综合分析判断实践中的代理行为是否存在,例如合同书、公章、印鉴等有权代理的客观表象形式要素,以及是否盖有相关印章及印章真伪等各种因素,从而来判断实践中的行为是否构成表见代理。在实际交易中,这些因素无疑都直接或间接的指向本人与代理权表象之间的关联性。

在司法实务中,表见代理的主要表现样态可列举如下:(1)授权表示型。本人将证明代理权的凭证交于行为人,但实际上并未授权;本人向相对人表示行为人为本人代理人,虽有意思表示,但实际上并未授权;允许行为人挂靠经营或者作为本人的分支机构为法律行为。(2)权限逾越型。主要指因本人过失导致授权不明。(3)权限延续型。经过法定的或者当事人之间约定的期限或者事由之后,代理关系终止,但本人未收回授权凭证;直接向相对人表示授权的,但代理权消灭后,本人并未直接通知相对人。显然,表见代理的表现样态都存在本人可归责性,其作为表见代理的构成要件已为司法实务所确立。

综上考虑,归责性要件的确定,真正的意义不在于增加一个要件,而是合理分配本人与相对人之间的风险和利益。基于表见代理中本人合法利益维护的考量,司法实践中最低程度的归责性是必需的。如果将归责性要件彻底否定,那么没有归责性的人不当地被增加责任,基本安全便将遭到破坏,不符合无归责性者不承担不利益之原则。①

三、本人可归责性不以过错为限

依前文所述,理论界及实务界尚有关于本人可归责性是否以过错为限的争议。其实,该问题同样可以从意思自治、利益衡平、风险分担等原则、国外立法例和我国司法实践中找到答案,即本人可归责性不应当以过错为限,有过错固然具有可归责性,但可归责性还应当包括过错以外之其他事由。

首先,无过错责任原则的确立。随着近现代法律制度的不断发展,传统民法的过错责任原则逐渐过渡,并最终确立了现代民法上的无过错责任原则。在无过错责任之下,不以过错作为民事主体承担责任的唯一依据,一些特定事由可以成为民事主体承担责任

---

① 参见王浩:《表见代理中本人可归责性问题研究》,载《华东政法大学学报》2014 年第 3 期。

的依据。该特定事由在表见代理中即为可归责性,是责任分配的前提。因此,无过错责任原则的确立决定了本人可归责性不以过错为限。

其次,基于公平正义的考量。一方面,即使本人无过错,但代理权表象因本人意志而发生,其中的交易风险由本人所制造,那么确立本人可归责性就有依据。另一方面,若以本人存在过错为要件,则对相对人过于苛刻,因善意相对人必须负担举证责任,证明相对人相信行为人有代理权所依赖的客观情形,是本人的过错所造成的,这样的举证责任显然对相对人是非常不利,等于是让相对人承担了由本人制造的交易风险。这也违反了前述的意思自治原则、利益衡平原则及风险分担原则。

最后,表见代理的具体类型中,部分类型很难说本人具有过错。如果以本人存在过错为要件,则会大大降低表见代理制度的适用范围,削弱其保护交易安全的制度价值,不符合市场经济条件下鼓励交易的意旨。如在内部撤回外部授权时,如果本人未通知相对人,撤回效力固然不受影响,相对人亦不得以此为由请求本人损害赔偿,因为本人对于相对人并不负有通知义务。只不过,若不通知而造成权利外观,本人须承担授权之责的不利后果,就此而言,本人所负担的,唯对己性质的不真正义务而已。仅是对该义务的违反,并不构成过错。

论个人生物识别信息的法律保护

史轶晴　赵清玉*

摘要：随着技术和时代的发展，公民个人信息的内涵愈加丰富，与个人权利的关联愈发紧密。随着现实生活中越来越多侵犯公民个人信息行为的出现，对个人信息法律保护的呼声越高。从公法保护路径到私法保护路径，随着《民法典》个人信息保护规定的出台，在法律体系上形成了公法私法全面保护格局。生物识别信息作为个人信息之一种，本身存在一定特殊性，《民法典》关于个人信息一般化的保护模式不能精准保护个人生物识别信息安全，需要通过建立分类分级保护标准方能实现精准保护，实现技术发展和私权保护之间的利益平衡。

关键词：个人信息　生物识别信息　民法典　检察职能

一、问题的提出

语音控制、指纹解锁、人脸识别、步态分析……曾经亮相于科幻大片中的人工智能，如今在我们的生活中也越来越常见。其中应用场景最广泛、涉及公民利益最密切的，当属个人生物识别技术。比如，手机上的声音解锁、指纹解锁、人脸解锁，各大支付软件中的指纹支付、刷脸支付；又如，火车站、机场安检处的人脸识别认证通过；再如，快递柜刷脸取件、小区刷脸进出、AI 换脸、戴头盔看房等。

个人生物识别技术的出现，在便利人们生活、改变大众生活方式的同时，亦存在诸多法律风险。如个人生物识别信息被过度收集，数据被滥用，因存储不当遭致个人身份、财产等敏感信息泄露等。2019 年十大法律事例中，郭某诉某野生动物世界采集游客人脸信息案，就作为人脸识别技术应用与公民权利的冲突事件，引起了社会的广泛关注。现实生活中，人脸识别企业数据泄露，一些电商平台出售匹配了身份信息的人脸数据的情况

---

* 史轶晴，江苏省苏州市相城区人民检察院副检察长；赵清玉，江苏省苏州市相城区人民检察院干部。

已经上演。一旦不法分子利用人工智能技术将照片进行活化，就可以做出模拟真人的点头、摇头、眨眼、说话等行为，极易被用作办理网贷或实施精准诈骗。[①] 在笔者所在的苏州市相城区人民检察院办理的一起盗窃案中，陈某曾将自己的人脸数据录入同住人员李某某的手机，后趁李某某熟睡之际，利用事前录入手机的人脸数据对李某某的手机进行解锁，登录李某某的支付宝账户向蚂蚁借呗借款，窃得人民币2万余元。

如何在个人信息保护的法律框架下避免个人生物识别技术裸奔，保护公民个人信息和财产安全，是大数据时代亟待解决的法律问题。

二、关于个人生物识别信息保护的立法设计

（一）个人生物识别信息的概念

何谓个人生物识别信息？学理上并无明确定义。根据2020年10月1日实施的《信息安全技术·个人信息安全规范》（GB/T 35273－2020）（以下简称《个人信息安全规范（2020）》）的规定，个人生物识别信息包括但不限于：个人基因、指纹、声纹、掌纹、耳廓、虹膜、面部识别特征等，属于个人敏感信息。可以说，个人生物识别信息，是指基于人体生物特征形成的具有唯一识别性的人体信息。

（二）个人生物识别信息的特征

个人生物识别信息属于个人信息范畴，是个人信息之一种。然而，相较于传统意义上的一般个人信息，生物识别信息具有特殊性。

1. 具有原生性

传统意义上的一般个人信息，如身份信息、财产信息、消费信息、医疗信息、行踪轨迹等，多由后天活动产生，具有伴生性。不同于后天生成的个人信息，个人生物识别信息具有天然的原生性，是个人的生物特征的一部分。

2. 具有身份认证性

相较于一般个人信息，个人生物识别信息主要用于个人生物识别技术，是一种身份认证手段。通过个人生物识别信息可以直接识别个人身份，具有唯一性和不可替代性。随着生物识别技术愈发成熟，身份认证愈发智能化，每一个人本身，都将会变成一个“行走的密码”。

3. 存在安全性悖论

一方面，它提升了信息安全系数。传统密码或者识别方式具有易盗用和易篡改性，安全系数较低。个人生物识别信息则具有天然的高安全系数，识别精准，且几乎不能被篡改，在人工智能化背景下更是具有巨大潜力和运用场景。另一方面，作为身份认证工具本身，它也存在巨大安全隐患。基于其身份认证性和唯一性，一旦生物识别信息数据

① 《警惕！你的“脸”5毛钱被卖了》，载央视网，https://mp.weixin.qq.com/s/zRFQWno8meJCWDd7B_EZmA。

被盗取、泄露,用户即失去对密码的控制权,公民的身份信息、财产安全将面临巨大威胁。有学者指出,个人的生物识别信息还涉及国家安全,有关组织或个人对之要采取高度的注意义务加以保管,以防止泄露或被非法处理。[①] 因此,基于生物识别信息的特殊性,如何在支持生物识别技术发展和保护个人生物识别信息安全之间寻求利益平衡点,是当前需要破解的法律难题。

(三)《民法典》关于个人生物识别信息保护的规定

1.《民法典》关于个人信息的一般性规定

关于个人信息的法律保护路径,我国在立法上采取的是刑法先行模式。刑法先于其他部门法明确了侵犯公民个人信息犯罪的界限,通过刑法积极适用防止侵犯公民个人信息违法犯罪持续蔓延,为系统治理奠定了基础。[②] 在将个人信息上升为一项民事权利之前,保护个人信息的法律依据主要是《刑法》第253条之一、《最高人民法院、最高人民检察院关于办理侵犯公民个人信息刑事案件适用法律若干问题的解释》(以下简称《个人信息解释》)、《网络安全法》、《信息安全技术·个人信息安全规范》等。直至2020年,个人信息才首次进入民事保护的范畴,《民法典》确立了个人信息的民法地位。《民法典》第1034条至第1039条分别规定了自然人的个人信息受法律保护,明确了个人信息的法律定义,并通过开放式列举的方式就个人信息的种类和范畴进行了详细说明,明确了个人信息处理的方式、处理原则和例外,明确了信息主体的权利和信息处理者的义务。可以说,《民法典》关于个人信息保护的规定,建立在现有的刑法和行政法相关规定的基础之上,从而形成了民法、刑法、行政法保护的三角形保护框架。随着《个人信息保护法》制定的推进,关于个人信息的法律保护将形成专门法和部门法相结合的多重保护模式。

2.《民法典》关于个人生物识别信息的规定

《民法典》并未对生物识别信息做出特殊规定。根据《民法典》第1034条规定,生物识别信息属于个人信息。因此,个人生物识别信息的保护适用《民法典》关于个人信息的一般性规定。

然而,诚如学者所言,个人生物识别信息是个人身份识别的"唯一标识",是个人数字身份的重要组成部分,与自然人的各项权利密切相关,并非仅仅关涉民法上的隐私权、人格权或者身份权……[③]基于个人生物识别信息的特殊性,有必要在民法一般性保护原则之外进一步研究和细化法律保护标准。

---

① 参见程啸:《为个人生物识别信息打造法律保护盾》,载《人民论坛》2020年第8期。

② 参见喻海松:《侵犯公民个人信息罪司法疑难之案解》,载《人民司法》2018年第32期。

③ 付微明:《个人生物识别信息的法律保护模式与中国选择》,载《华东政法大学学报》2019年第6期。

三、《民法典》关于个人信息保护的实践价值

(一)与时俱进,回应时代需求

据数据统计,我国互联网用户已达9亿,互联网网站超过400万个、应用程序数量超过300万个,个人信息的收集、使用更为广泛。随着人工智能技术的飞速发展,个人生物识别技术的发展呈井喷态势。技术的发展、更新,丰富了个人信息的概念和内涵,也让个人信息安全面临着更多的挑战和风险。大量公民个人信息被非法倒卖,侵犯了公民的隐私权、生活安宁权,让人防不胜防。而利用公民个人信息实施精准诈骗,更给社会和个人带来了巨大的危害,如徐玉玉案。在信息化时代,个人信息保护已成为广大人民群众最关心、最直接、最现实的利益问题之一。

保护个人信息,有利于推动数字经济持续健康发展。众所周知,个人信息数据是大数据的核心和基础,个人信息数据的数量、质量直接影响大数据分析的精准性和有效性。在一段时间内,对个人信息数据"重利用、轻保护"的做法既侵犯了公民合法权益,也让数字经济的发展陷入无序竞争状态。《民法典》通过规范个人信息保护与利用原则,建立权责明确、使用规范、保护有力的制度规则,能够有效促进信息数据依法合理有效利用和数字经济健康繁荣。

(二)进一步强化私权保护观念

公民个人信息保护的观念,随着《民法典》的出台,会得到进一步强化。对于私权保护的重视,恰恰是法律精神进步的体现。《民法典》作为私法领域的"帝王",虽说其本身是由历史和现实塑造的,但与此同时,它也通过自身的法律精神和具体规定塑造着社会的现在和未来。可以预见,在今后的生活中,人们会更加注重个人信息权利、个人信息保护的安全,人们的私权保护观念将逐渐从有形的权利客体扩展到无形的权利客体,这本身就是法律的进步。

(三)填补刑法保护的空白地带

在刑法保护先行模式下,个人信息的保护存在法律空白。《刑法》第253条之一仅就非法收集和提供个人信息的行为做出规定,未对中间的存储和使用等行为作规定。根据刑法的谦抑性原则,当信息管理人非因故意,而是由于保管不力导致公民个人信息大规模泄露时,不构成侵犯公民个人信息罪。由此带来以下三个问题:一是未涵盖处理生物识别信息行为的全生命周期,对个人信息的保护不全面;二是降低了信息使用者的社会责任,低违法成本催生商家"重利用、轻保护"的心理;三是不利于公民信息安全技术水平的提高,较低门槛的信息安全标准无法倒逼企业提升技术。而《民法典》第1035条第2款明确规定:"个人信息的处理包括个人信息的收集、存储、使用、加工、传输、提供、公开等。"扩大了个人信息处理行为规制的范围,对个人信息的保护更加周全。同时,《民法典》第1038条规定:"信息处理者不得泄露或者篡改其收集、存储的个人信息。信息处理者应当采取技术措施和其他必要措施,确保其收集、存储的个人信息安全,防止信息泄

露、篡改、丢失;发生或者可能发生个人信息泄露、篡改、丢失的,应当及时采取补救措施,按照规定告知自然人并向有关主管部门报告。"该条规定了信息处理者对信息的安全保障义务,要求其履行好"守门人"的角色。《民法典》通过和《刑法》互补配合的方式,织牢了个人信息保护的法律网。

四、《民法典》关于个人生物识别信息保护存在的问题及完善建议

(一)分类分级保护标准缺失

当前,对包括生物识别信息在内的各类型个人信息,《民法典》并未就信息的敏感性、风险性进行分类分级保护,采取的是统一保护模式,法律保护的精准性存在不足。

首先,有必要对个人信息进行分类分级保护。生物识别信息的保护等级应当高于一般个人信息,具体到生物识别信息类型,又须根据不同情况细化分级保护标准,并且应当涵盖生物识别信息处理全过程。

其次,应当完善不同类型生物识别信息的安全技术标准。从现实情况看,个人生物识别技术应用场景的不同,决定了其收集的生物信息类型和内容,以及信息保护的安全系数均有所不同。若不区分应用场景对生物识别技术做"一刀切"规定,在实践中要么会产生因技术标准过高,抑制生物识别技术的商业化应用的后果;要么会导致因为技术标准太低,降低个人生物识别信息的安全系数的危害。比如,指纹打卡和刷脸进出公共场所等场合,无涉财产安全,其技术标准可以低于财产类服务;而电子钱包支付等涉财产类生物识别技术,其算法复杂度以及信息存储的标准应当严格于一般非财产性类服务的安全技术标准。因此,要实现生物识别技术发展和保护个人生物识别信息安全之间的利益平衡,亟须从安全技术标准上着手,以完善生物识别信息在内的个人信息保护机制。

最后,应当强化生物识别信息处理过程中的数据存储和安防义务。在 2020 年 10 月 21 日公布的《个人信息保护法(草案)》中,明确了生物识别信息属于敏感个人信息,设专节对处理敏感个人信息作出更严格的限制,规定只有在具有特定的目的和充分的必要性的情形下,方可处理敏感个人信息,并且应当取得个人的单独同意或者书面同意。《个人信息保护法(草案)》对生物识别信息的特殊限制,体现了分类分级保护的精神。同时也应当看到,除了对生物识别信息在收集条件做特殊限制外,还应当在后续处理过程中增强数据存储和安防义务,如此才能在个人生物识别信息处理的全生命周期内进行全面保护,降低数据泄露风险的出现。

(二)个人生物识别信息侵权的举证责任有待明确

《民法典》第七编侵权责任第 1165 条的规定:"行为人因过错侵害他人民事权益造成损害的,应当承担侵权责任。依照法律规定推定行为人有过错,其不能证明自己没有过错的,应当承担侵权责任。"那么,具体到个人生物识别信息在内的个人信息侵权行为,应

当适用何种侵权责任归责原则？依据通说，我国侵权法的归责原则主要是：过错侵权责任、无过错侵权责任。过错侵权责任根据举证责任的不同又分为，一般过错责任和过错推定责任。

过错侵权责任，是指任何人因自身的过错而侵害他人利益时，应就所造成的损害承担侵权责任。根据一般过错责任，被侵权人对侵权事实、所受损失以及侵权行为和损害之间存在因果关系负有举证责任。被侵权人必须证明侵权人存在过错，侵权人才需要承担责任。而过错推定责任与之相反，行为人不能证明自己没有过错的，应当承担侵权责任。过错推定责任仅限于法律规定的特定情形。在个人信息侵权领域，不宜采取一般过错责任。原因在于：一方面，由于信息与专业的不对称性，由被侵权人举证证明信息处理者有过错，存在较大难度。另一方面，适用一般过错责任不当地增加了信息主体的维权成本，降低了信息处理者的法律责任，不符合公平原则。

无过错责任，是指行为人造成他人民事权益损害，不论行为人有无过错，法律规定应当承担侵权责任的，依照其规定。根据无过错责任原则，对于被侵权人所受损失，信息处理者无论主观是否存在过错，都应当承担侵权赔偿责任。对于侵害个人生物识别信息侵权行为，不宜采取无过错责任原则。原因在于：一方面，这对已尽到合理安全存储和使用义务的信息处理者而言过于苛责，不利于支持生物识别技术发展。另一方面，无过错责任原则的适用范围具有法定性，只有法律明文规定的特定情形才能适用无过错责任原则。根据《民法典》和现行法律规定，侵害个人生物识别信息的侵权行为不在适用无过错责任原则之列，不能适用无过错责任原则。

因此，从实现生物识别技术发展和保护个人生物识别信息安全之间利益平衡的角度看，不宜采取一般过错责任原则和无过错责任原则。

笔者认为，个人生物识别信息侵权的举证责任，宜采取过错推定责任原则。一方面，可操作性强，符合客观现实需求。在个人生物识别信息侵权领域，信息处理者对信息处于管理控制地位，并遵循相应技术标准进行数据安全保护，其对证据的掌握具有先天优势。同时，信息处理者作为生物识别技术商业化的获益主体，由其证明自己是否尽到合理的安全保护义务，亦符合权利义务对等原则。另一方面，符合立法价值追求。根据《个人信息保护法（草案）》第 65 条规定："因个人信息处理活动侵害个人信息权益的，按照个人因此受到的损失或者个人信息处理者因此获得的利益承担赔偿责任；个人因此受到的损失和个人信息处理者因此获得的利益难以确定的，由人民法院根据实际情况确定赔偿数额。个人信息处理者能够证明自己没有过错的，可以减轻或者免除责任。"可见，立法者亦倾向采取过错推定原则。

综上，个人生物识别信息侵权的举证责任宜采取过错推定责任，以平衡信息主体和信息处理者之间的利益。

（三）检察机关综合运用检察职能保护公民个人信息的能力有待加强

1. 应拓宽检察机关提起民事公益诉讼的案件范围

根据《民事诉讼法》第 55 条第 2 款、《最高人民法院、最高人民检察院关于检察公益诉讼案件适用法律若干问题的解释》第 13 条规定可知，检察机关仅能就两类案件提起民事公益诉讼：一是破坏生态环境和资源保护类案件，二是食品药品安全领域侵害众多消费者合法权益的案件。然而，在侵犯公民个人信息权领域，侵害的对象常常是不特定多数人，所涉及的社会公共利益面之广，完全不亚于前两类案件。因此，有必要进一步拓宽检察机关提起民事公益诉讼的案件范围，以实现对公民个人信息更有力的保护。对于这一问题，部分地区率先探索解决路径，如江苏省人大常委会出台了《关于加强公益诉讼工作的决定》，明确将个人信息安全纳入公益诉讼案件范围，进一步加强对个人信息的法律保护。

2. 应充分运用检察建议推动个人信息领域的社会治理

根据最高人民检察院发布的《人民检察院检察建议工作规定》，社会治理检察建议主要针对检察机关在履行检察职责过程中发现的违法犯罪隐患、管理监督漏洞、风险预警和防控问题，以及就相关部门作出的行政处罚、政务处分、行业惩戒等问题提出的改进工作、完善治理的建议。

在个人信息保护领域，检察机关在办理侵犯公民个人信息案件的过程中，应当透过个案，洞察相关部门、企业主体在涉公民个人信息管理方面存在的短板和漏洞，通过制发检察建议的方式，督促有关部门加强监管，督促行业制定行业公约和技术规范标准，以此实现在公法和私法领域之外，运用检察建议这一“软法”推动社会治理进步的效果。

《民法典》背景下检察机关介入生态环境损害赔偿诉讼法律问题探析

李学雷*

摘要:我国《民法典》明确规定了“国家规定的机关”享有生态环境损害赔偿诉讼的权利,然而检察机关应以何种方式介入生态环境损害赔偿诉讼,以便行使自身的法律监督职能,无论是法律规范还是司法解释都处于空白状态。面对生态环境损害,检察机关和行政机关都负有维护环境公共利益的责任。根据法律规定,既然“国家规定的机关”负有法定的职责来启动生态环境损害赔偿诉讼程序,那么就应当接受检察机关的法律监督。对此,检察机关可以循环境行政公益诉讼的程序,先行向怠于履行生态环境损害索赔职责的行政机关发出检察建议以督促其依法履职,当检察建议无法获得采纳时,再将其诉之法院以环境行政公益诉讼的形式寻求司法救济。

关键词:检察机关　生态损害赔偿诉讼　环境公益诉讼

随着《民法典》的颁布和实施,生态损害赔偿诉讼成为继环境民事公益诉讼与环境行政公益诉讼之后,以维护受损环境公共利益为目的和宗旨的一种新型诉讼类型。《民法典》第1234条中规定,“违反国家规定造成生态环境损害,生态环境能够修复的,国家规定的机关或者法律规定的组织有权请求侵权人在合理期限内承担修复责任。”最高人民法院虽然在2019年6月5日发布实施了《最高人民法院关于审理生态环境损害赔偿案件的若干规定(试行)》(以下简称《生态损害赔偿解释》),提出了“生态损害赔偿诉讼”这一概念,并将生态损害赔偿诉讼的原告主体限定为“省级、市地级人民政府及其指定的相关部门、机构,或者受国务院委托行使全民所有自然资源资产所有权的部门”,但由于其法律规范效力位阶并非法律,以至于生态损害赔偿诉讼的合法性问题往往成为争论的焦

---

* 李学雷,江苏省苏州市吴江区人民检察院第六检察部主任。

点。《民法典》第 1234 条和第 1235 条有关生态损害赔偿诉讼的规定，打破了我国已经依据《民事诉讼法》和《行政诉讼法》建立起来的“以检察机关和社会组织为诉讼主体，民事环境公益诉讼与行政公益诉讼并行发展的环境公益诉讼格局”①，为生态损害赔偿诉讼司法实践的推行提供了合法依据。

作为一种崭新的环境诉讼形式，生态损害赔偿诉讼的原告方只能是行政机关，与之不同，环境行政公益诉讼的被告方只能是行政机关。检察机关作为法律监督机关，与行政机关在上述两类环境诉讼中的法律关系问题，已然成为检察机关和行政机关必须面对的问题。

一、检察机关提起环境行政公益诉讼的角色定位与职能设定

根据《行政诉讼法》第 25 条中规定，检察机关是目前我国唯一有资格提起环境行政公益诉讼的原告。检察机关在履行职责中发现生态环境和资源保护领域负有监管职责的行政机关违法行使职权或者不作为，致使国家利益或者社会公共利益受到损害时，应当依法履行法定的诉前程序——向行政机关制发检察建议，督促其依法履职。行政机关在收到检察建议后，仍不依法履行职责的，检察机关有权依法向人民法院提起诉讼。《最高人民法院、最高人民检察院关于检察公益诉讼案件适用法律若干问题的解释》第 22 条列明了检察机关提起环境行政公益诉讼时应当提交的相关证明材料，包括被告违法行使职权或者不作为，致使国家利益或社会公共利益受到侵害的证明材料，以及检察机关已经履行诉前程序，行政机关仍不依法履行职责或者纠正违法行为的证明材料等。

“行政公益诉讼的目的主要是督促行政机关依法履职保护公益，是督促之诉。只要公益保护好，诉讼任务就完成了，对相关人员是否追责不是公益诉讼本身的任务。”②检察机关是国家法律监督机关，依法监督行政机关履行法定职责，以实现有效维护国家利益和社会公共利益的目的，这是检察机关的法定职责。检察机关的环境行政公益诉权来源于《人民检察院组织法》第 20 条和《行政诉讼法》第 25 条，根据上述法律规定，“依照法律规定提起公益诉讼”是检察机关的法定职权之一。检察机关提起环境行政公益诉讼的实质是以诉讼的形式来履行其法律监督职责，以促使负有环境监管职责的行政机关积极履职，从而实现对环境公共利益的维护。

与环境民事公益诉讼③相类似，在环境行政公益诉讼中，作为原告的检察机关与作为被告的行政机关二者处于平等的法律地位。但环境行政公益诉讼又与环境民事公益诉

---

① 曹明德：《检察院提起公益诉讼面临的困境与推进方向》，载《法学评论》2020 年第 1 期。

② 张雪樵：《检察公益诉讼比较研究》，载《国家检察官学院学报》2019 年第 1 期。

③ 根据《民事诉讼法》第 55 条规定，检察机关处于提起环境民事公益诉讼的第二顺位，在没有“法律规定的机关和有关组织”或者其不提起民事公益诉讼的情况下，检察机关可以就环境公共利益受到损害为由向法院提起民事公益诉讼。

讼存在本质差别，检察机关的行政公益诉讼权来源于其行政监督职能，而并非简单的环境公共利益代表主体身份。根据同级监督原则，检察机关的检察建议或者行政公益诉讼一般只能针对同级别的行政机关予以实施。具体而言，环境行政公益诉讼的原被告双方一般根据受损生态环境所影响的区域范围进行确定。就相关程序而言，发出检察建议与提起环境行政公益诉讼均是检察机关依法监督行政机关履行环保职能的法定方式。“人民检察院在监督政府履行环保职能方面具有两个方面的职能：一是监督具有环保职能的行政机关的履行，对造成损失的追究责任；二是预防所有行政机关所作行政决策的环境风险，对有环境风险的行政决策应当请求法院予以中止或者制止。”[①]

二、环境行政公益诉讼与生态损害赔偿诉讼的比较分析

在环境行政公益诉讼中，检察机关作为原告，兼具环境公共利益代表主体和法律监督机关的双重角色。负有环境监管职责的行政机关作为被告，是环境公共秩序的管理主体。检察机关之所以提起行政公益诉讼，是因为负有环境监管职责的行政机关滥用职权或者怠于履职而致使环境公共利益受损。就主体性质而言，环境行政公益诉讼的原被告双方均属于国家机关的范畴，“在行政公益诉讼中，双方虽然程序对抗，围绕行政行为合法与否进行辩论，但双方都是为了维护公益，是同一个目标、同一个价值追求，诉讼上的实体利益殊途同归”。[②] 检察机关提起环境行政公益诉讼还应以发出检察建议为前置要件，当检察建议未被环境监管机关予以采纳并履行后，检察机关方能对之提起环境行政公益诉讼。

在生态损害赔偿诉讼中，原告是负有公共环境资源管理职能的行政机关，其依据为我国《民法典》第 1234 条规定的“国家规定的机关”以及《生态损害赔偿解释》；被告是违反国家规定造成生态环境损害的侵权人，包括自然人、法人或者其他组织。“生态环境损害赔偿诉讼本质上是要维护生态环境质量，而不是对自然资源所有者的经济利益的救济。”[③]与环境民事公益诉讼不同，行政机关提起生态损害赔偿诉讼之前，必须与致害行为人或者侵权行为人进行主动磋商，否则，不得提起生态损害赔偿诉讼。根据《生态损害赔偿解释》，行政机关若提起生态损害赔偿诉讼必须经过磋商前置程序，经磋商未达成一致或者无法进行磋商之后，方可诉诸司法程序对受损生态环境进行救济。

我国生态损害赔偿诉讼的推行是贯彻落实中共中央办公厅、国务院办公厅联合发布的《生态环境损害赔偿制度改革方案》具体表现形式，其制度要义之一在于“体现环境资源生态功能价值，促使赔偿义务人对受损的生态环境进行修复”。《生态损害赔偿解释》

---

① 唐瑭：《环境治理体系中人民检察院的角色及再塑》，载《法律适用》2020 年第 1 期。

② 张雪樵：《检察公益诉讼比较研究》，载《国家检察官学院学报》2019 年第 1 期。

③ 浙江省湖州市中级人民法院与中国人民大学法学院联合课题组：《生态环境损害赔偿诉讼的目的、比较优势与立法需求》，载《法律适用》2020 年第 4 期。

中明确规定,“省级、市地级人民政府及其指定的相关部门、机构,或者受国务院委托行使全民所有自然资源资产所有权的部门”是生态损害赔偿诉讼的原告主体,但其请求权基础并不应局限于国家自然资源所有权[①],而应当是行政机关对环境公共利益的管理权。环境公共利益基于生态环境才得以存在,而良好生态环境是最公平的公共产品,是最普惠的民生福祉。[②] 生态环境本身具有经济价值和生态价值双重属性,与此同时,生态环境还具有整体性、系统性、地理联系性等特点,不论是国家自然资源所有权还是集体自然资源所有权,其生态价值都为社会公众普遍享有而无法被某一个体独享。行政机关是环境公共资源的管理主体,将生态环境损害诉之于法院寻求司法救济,“其请求权基础是社会公众基于环境要素生态功能而享有的环境公共利益,生态环境损害赔偿诉讼是救济公众环境公共利益的诉讼”。[③]

“实际上,在我国现行体制下,政府不仅是自然资源所有权的行使者,其还是生态环境保护的监管者,具有双重身份。政府在穷尽行政手段仍不能实现对生态环境利益的有效保护时通过司法权力实现生态环境保护和监管的目的,与其说是以自然资源国家所有者的身份行使生态环境修复请求权,不如说是以履行环境保护职责为正当性基础行使生态环境损害索赔权。”[④]而作为法律监督机关,对于行政机关实施的行政作为或不作为、生态损害赔偿磋商、生态损害赔偿诉讼等活动,检察机关均可采用发出检察建议或者提起行政公益诉讼的方式实施法律监督。

三、检察机关介入生态损害赔偿诉讼的模式选择

依据我国现有制度规定,针对生态环境损害个案,负有监管职责的行政机关存在三种处置方式:第一种是作为环境资源的行政主管机关,以行政管理主体身份对致害行为人的违法行为采取相应的行政制裁措施,如依据《行政处罚法》给予其相应的行政处罚等。第二种是作为环境公共利益代表主体,在穷尽行政救济手段之后,以平等民事主体身份诉请法院判令致害行为人承担相应民事法律责任,如环保行政机关依据《民事诉讼法》第 55 条公益诉讼条款提起的民事公益诉讼,此类诉讼的提出原则上应以行政机关穷尽行政救济手段为前提。第三种是作为国家自然资源所有权的代行主体,以国家利益和社会公共利益代表主体身份与致害行为人进行磋商谈判,乃至于提起生态环境损害赔偿诉讼,如政府部门依据《生态损害赔偿解释》提起的生态损害赔偿诉讼,此类诉讼并不以穷尽行政救济手段为前提。

---

① 根据我国《宪法》第 9 条规定,国家所有即全民所有,因此实际权利归属者乃为全民,国家所有体现的是一种公共信托的意义。参见邓少旭:《生态环境损害赔偿诉讼:定义与定位矫正》,载《中国环境管理》2020 年第 3 期。

② 参见习近平:《推动我国生态文明建设迈上新台阶》,载《求是》2019 年第 3 期。

③ 薄晓波:《环境公益损害救济请求权基础研究》,载《甘肃政法学院学报》2020 年第 3 期。

④ 史玉成:《生态环境损害赔偿制度的学理反思与法律建构》,载《中州学刊》2019 年第 10 期。

对于生态损害赔偿诉讼,我国现行法律规范在检察机关介入方面目前尚处于空白状态,这也正是生态损害赔偿诉讼与环境行政公益诉讼之间急需衔接之处。为确保检察机关对受损生态环境实施充分、及时、有效的救济,就具体制度设计而言,可考虑从以下三个方面对检察权进行设置:

第一,针对行政机关的检察权设置。行政机关提起生态损害赔偿诉讼与环境民事公益诉讼两者的不同之处在于,行政机关提起生态损害赔偿诉讼前需要履行磋商程序,当磋商未达成一致或无法磋商时方能提起诉讼。同时,行政机关提起以上两类诉讼所针对的情形并不完全相同。对于已经造成生态损害后果的,行政机关可以在两类诉讼中选择其一进行诉讼;对于存在危害生态环境、但尚未造成实际损害后果的,行政机关只能提起环境民事公益诉讼寻求司法救济。因此,检察权对于以上两类诉讼的介入,存在于生态损害赔偿诉讼的磋商前置程序、生态损害赔偿诉讼程序、环境民事公益诉讼程序三个环节,其关键在于检察权介入正当性与行政机关自由裁量权行使之间的考量。

第二,磋商程序中的检察权设置。在生态损害赔偿诉讼的磋商前置程序中,检察机关认为负有法定职责的政府部门怠于磋商的,可以发出“检察建议书”督促行政机关开展磋商;在磋商无果后的生态损害赔偿诉讼程序中,检察机关若认为负有法定职责的政府部门怠于起诉的,可以发出“检察建议书”督促行政机关提起生态损害赔偿诉讼。在上述检察建议无果后,检察机关可以就行政机关怠于履行职责的不当行政行为提起环境行政公益诉讼。

第三,环境民事公益诉讼程序中的检察权设置。检察机关认为法律规定的机关应当提起民事公益诉讼而未提起时,有两种选择方案:一种是向行政机关发出“检察建议书”建议行政机关提起民事公益诉讼;另一种是向社会发布“民事公益诉讼诉前公告”,催促“法律规定的机关和有关组织”提起民事公益诉讼。在上述两种方案实行无果后,检察机关可以对生态环境致害人直接提起环境民事公益诉讼。对于上述两种方案中行政机关不作为的情形,检察权的设计只得是直接救济受损生态环境,而不能对行政机关提起行政公益诉讼。

供犯罪所用以及第三人的财物之没收问题研究

张东生　戴有举*

摘要：供犯罪所用的财物兼具刑罚及保安处分的性质，但如果该物对社会安全具有危险性或者属于非共犯的第三人所有时，此时的没收仅具有保安处分的性质。供犯罪所用的财物可以包含违禁物、被害人财物等，但被害人的财物由于不属于供犯罪所用的本人财物，因此不得没收。供犯罪所用的财物可能会扩及第三人的财物，对此，应根据第三人的主观上是否知情以及有无重大过失，并结合《民法典》关于善意取得之规则而决定该物应否没收，但必须为第三人之物的没收提供正当法律程序保障。

关键词：没收　供犯罪所用的财物　第三人之物　正当程序

一、问题的提出

《刑法》第64条规定："犯罪分子违法所得的一切财物，应当予以追缴或者责令退赔；对被害人的合法财产，应当及时返还；违禁品和供犯罪所用的本人财物，应当予以没收……"据此，供犯罪所用的财物，根据《刑法》第64条前段第3句之规定，原则上应予没收。需要研究的是，供犯罪之用的财物没收，其性质为何？能否扩及于第三人没收？如甲、乙、丙三人合谋抢劫，并让丙从丁处借得小汽车望风接应，抢劫得逞后，他们乘坐丙驾驶的该汽车逃离现场。本例中，小汽车无疑属于供犯罪之用的财物，但不属于甲等三名被告人的财物，能否予以没收？如果在刑事诉讼中，该车的车主丁提出异议，主张该车为其所有，司法机关应如何处理？又该如何保障丁的相关权利？还有，第三人是否包括被

* 张东生，江苏省镇江市润州区人民检察院党组书记、检察长；戴有举，江苏省镇江市京口区人民检察院办公室干部。

害人,抑或共犯?也是需要明确的问题。本文主要围绕上述问题作一探讨。

二、对供犯罪所用财物的没收之性质

供犯罪所用的财物之没收,属于我国《刑法》第64条规定的没收,其不同于《刑法》第三章第八节规定的作为财产附加刑的没收财产的刑罚方法。学界一般认为,后者是不问财产来源合法与否,直接对当事人全部财产进行的强制收取,又名一般没收;前者仅指将与犯罪密切相关的财物收归国有,又名特别没收。从《刑法》的规定来看,一般没收具有刑罚的属性,那么,供犯罪之用的财物之没收,其性质为何?关于特别没收的法律性质,学说见解不一:刑罚说,认为没收是一种刑罚;保安说,则认为没收属于一种保安处分;折中说(多数说),认为没收兼具刑罚与保安处分的性质。从立法例上看,有采刑罚说的,如《日本刑法》将没收规定为附加刑,是在宣告主刑时附加其上科处的刑罚。① 也有采保安说的,如《意大利刑法典》第236条、第240条直接将没收财产规定在"财产保安处分"节名下。② 还有采独立法律效果说的,如《德国刑法典》规定了两种形式的法律后果:一为刑罚(包括附带的后果),二为矫正处分和保安处分,同时在刑罚和处分之外,还规定了追缴、没收和查封这种具有独立法律效果的措施。③ 尽管在立法例上,有的国家将没收规定为刑罚的一种,也有的则是将没收作为保安处分,甚或作为独立法律效果加以规定,但学者们并没有囿于本国的立法规定来阐述没收的性质。例如,日本学者大塚仁教授指出,没收是附加刑,在有罪判决中,只能在宣告某种主刑时附加科处,"但是,必须注意的是,从实质的观点来看,没收另一方面具有保安处分的性质"。④ 同样,大谷实教授主张,"现行《刑法》上的没收,兼有刑罚和保安处分两方面的性质。"⑤法国学者斯特法尼等人亦认为:"特定没收,不论是作为附加刑,还是作为主刑,仍然可以看成是一种保安处分措施,或者甚至看成是一种民事赔偿措施。"⑥而在意大利,没收虽然被规定为保安处分,但还是有一部分人认为,这种措施实际上是一种附加刑,或者说是一种一般的刑事制裁。⑦ 德国通说认为,考虑没收的目的,应当区分没收的两种情况:一是《刑法》上的没收,它主要作为附加的制裁适用于(广义上的)犯罪参与人;二是安全上的没收,它用于保护公众免受

---

① 《日本刑法》第9条规定:"死刑、惩役、监禁、罚金、拘留和料科为主刑;没收为附加刑。"转引自《日本刑法典》,张明楷译,法律出版社1998年版,第8~9页。

② 参见《最新意大利刑法典》,黄风译,法律出版社2007年版,第86、87页。

③ [德]乌尔斯·金德霍伊泽尔:《刑法总论教科书》(第六版),蔡桂生译,北京大学出版社2015年版,第18、21页。

④ [日]大塚仁:《刑法概说(总论)》(第三版),冯军译,中国人民大学出版社2003年版,第451~452页。

⑤ [日]大谷实:《刑法讲义总论》(新版第2版),黎宏译,中国人民大学出版社2008年版,第464~465页。

⑥ [法]卡斯东·斯特法尼等:《法国刑法总论精义》,罗结珍译,中国政法大学出版社1998年版,第495页。

⑦ 参见[意]杜里奥·帕多瓦尼:《意大利刑法学原理》(注评版),陈忠林译评,中国人民大学出版社2004年版,第337页。

此等物品的危险，根据该物的性质，该物是危险的，或者有可能被用于实施犯罪行为。[①]

一般而言，刑罚与保安处分的区分主要体现在两个方面：其一，有责性。被施加刑罚的行为人，必须具有责任能力，如果行为人在行为时处于心神丧失，或者不满 14 周岁等，即使其行为侵犯了重大法益，造成了严重的后果，根据罪责原则，也不能对该行为人给予刑事处罚。而施加保安处分则无须考虑罪责原则，例如，精神病患者，类似的还有酗酒和吸食毒品成瘾的人，实施了严重的暴力行为之后，还仍然有可能继续实施这种行为。由于这样的人所具有的很小的罪责就只能仅仅为一种很轻微的刑罚提供正当化根据。但是，对一般公众的保护又要求在这个限度之外，有必要根据矫正和保护的目的，将这种人安置在精神病医院、戒毒等场所之内。[②] 其二，目的性。刑罚虽然需要考虑预防的必要性，但其基底仍然是报应刑论。对于报应理论来说，刑罚着眼于过去的行为并且指向罪责，而保安处分的目的是预防性，它是面向未来并且仅仅用于防止将来的危险。那么，没收究竟是具有刑罚的属性，还是具有保安处分的属性呢？

从形式上而言，我国《刑法》第 64 条规定的没收并非属于法定的刑罚种类，因此，将没收纳入刑罚体系是困难的。考虑到没收也无须以罪责原则为前提，那么，能否将没收划归到保安处分的体系之中呢？但这种想法不能不说是存在疑问的。这是因为，在我国《刑法》中虽有保安处分之实，[③]但却没有保安处分之名。换言之，我国《刑法》尚未建立起以保安处分冠名的处分体系，在此种背景下，径直将没收认定为一种保安处分，显然欠缺法律依据。因此，本文认为，我国的没收属于一种具有独立法律效果的制裁措施。但若从实质上看，没收又兼具刑罚与保安处分的性质。这样界定，既不违反《刑法》法定主义要求，也能够从法释义上合理说明没收与刑罚及保安处分之匹配、衔接关系。具体到供犯罪所用的财物来说，可分两种情形加以探讨：

其一，当供犯罪所用的财物为中性物（即非违禁品等对于公共安全或社会秩序没有危险性的物）时，(1)如果该物属于犯罪人所有时，此时的没收由于一方面体现了惩罚性而具有了刑罚的属性，自无疑义；而另一方面，就某些没收对象物的性质观之，也有可能兼有保安处分的本质。例如，行为人非法行医的医疗器具、药品，如不加以没收，就有可能被其继续私下用于行医。因此，此种场合下的没收就兼具有了刑罚和保安处分的性

---

① 参见［德］汉斯·海因里希·耶塞克、托马斯·魏根特：《德国刑法教科书（下）》，徐久生译，中国法制出版社 2017 年版，第 1077 页。

② 参见［德］克劳斯·罗克辛：《德国刑法学总论》（第 1 卷），王世洲译，法律出版社 2005 年版，第 51 页。

③ 我国学者张明楷教授认为，《刑法》第 17 条第 4 款、第 18 条第 1 款、第 38 条第 2 款、第 72 条第 2 款均规定了保安处分方法（参见张明楷：《刑法学》（第四版），法律出版社 2011 年版，第 487 页）。但笔者认为，上述这些条款所规定的处分措施，只能说是从实质上言之，具有保安处分的性质，而从形式上理解，不能认为就是保安处分。

质。(2)如果该物属于非共犯的第三人所有时,此时的没收仅具有保安处分的性质。[①] 首先,第三人并未参与犯罪,对其所有的物实施没收处分,显然不能说是对第三人实施的具有刑罚性质的制裁。其次,保安处分属于非刑罚的方法,对未参与犯罪的第三人适用非刑罚的方法,而不认为适用的是具有刑罚性质的处分方法,符合社会通念和一般人的法感情,也易于当事人从心理上予以接受。最后,第三人所有的物,客观上对犯罪起到了资助和促进作用,或者使犯罪更加容易进行,主观上如果也存在可归责的事由,对其施予没收,具有预防犯罪的作用,即以此警醒、告诫人们必须谨慎管理、支配自己之物,不要让其为犯罪所用。这体现了保安处分对未来犯罪危险性的预防属性。

其二,当供犯罪所用的财物对于公共安全或社会秩序具有危险性时,这种没收仅具有保安处分的性质。因为这种特定物不问属于谁所有,主要是从防卫社会的立场出发而予以没收的。

三、对供犯罪所用的"财物"之理解

(一)供犯罪所用的财物可否包括违禁品

《刑法》第 64 条中规定,"违禁品和供犯罪所用的本人财物,应当予以没收"。由于该句是将违禁品和供犯罪所用的财物并列规定的,因而从文义逻辑关系上分析,供犯罪所用的财物似应并不包含违禁品。据此,只要属于违禁品,不问是否用于犯罪活动,也不问属于何人所有,一律应予没收。例如,从涉嫌抢劫的行为人处缴获的枪支,即可根据《刑法》第 64 条中"违禁品,应当予以没收"的规定,径直予以没收。问题是,有可能存在这样一种情况:如上例中的枪支,对于行为人而言属于违禁持有,然而对该违禁物系经合法允许持有的第三者,如对被盗的枪支所有的警察机关而言,显然不应予以没收。正如我国台湾地区学者林钰雄教授所指出的那样:"违禁物本身就是一个可以争执的概念,更何况是否属违禁物与其持有主体有关,本来就具有相对性(如医院的麻醉药品、原住民的猎枪),岂可不事先听询意见就以违禁物为由而一并或单独宣告第三人没收?"[②]由此,笔者主张,供犯罪所用的财物应当包括违禁品。其理由如下:第一,可以全面评价行为的违法性,因为供犯罪所用的违禁品的违法程度要重于单纯持有违禁品的不法性。第二,根据《刑法》第 64 条中规定,只有供犯罪所用的"本人财物",才应当予以没收。因此,如果违禁品系属行为人之外的第三人被允许而合法持有的,仍不得予以没收。第三,对违禁品的没收提供了法律上的两个依据:(1)"违禁品,应当予以没收";(2)"供犯罪所用的本人财物,应当予以没收"。只要符合两个依据之一的,违禁品就应当予以没收。例如,行为

---

① 德国的通说也认为,行为人或共犯所有的物品的没收虽然具有财产刑的性质,但第三者所有的物品的没收则具有对物的保安处分的性质。参见[韩]金日秀、徐辅鹤:《韩国刑法总论》(第十一版),郑军男译,武汉大学出版社 2008 年版,第 715 页。

② 林钰雄:《刑事诉讼法》(下册)(第 8 版),台北,新学林出版股份有限公司 2017 年版,第 613 页。

人从朋友处借得自制的枪支实施抢劫，虽然不符合第(2)个依据，但仍可根据第(2)个依据，对该枪支予以没收。

(二)供犯罪所用的财物可否包括被害人的财物

《刑法》第 64 条中还规定，“对被害人的合法财产，应当及时返还”。换言之，如果属于被害人的财产，而非犯人本人财物的话，那么，供犯罪所用的财物也不应没收，而是应当优先返还被害人。或许有人认为，供犯罪所用的财物属于犯罪工具，并非违法所得。违法所得通常意味着被害人受到财产损害。例如，盗窃、抢劫等犯罪行为既遂，意味着行为人非法取得财产，相应的被害人失去财产。而供犯罪所用的财物是用于本案或将要用于本案的犯罪工具，与本案被害人无涉，因此，供犯罪所用的财物不应包括被害人的财物。笔者认为，对此，不可一概而论，因为犯罪工具有可能来源于他案。例如，行为人甲盗窃乙的一辆电动车，之后，甲又骑该电动车对丙进行抢夺。对抢夺案而言，电动车无疑属于供犯罪所用的财物，但不属于被害人丙的财物；然而对盗窃案而言，电动车却属于被害人乙的财物。此种场合，电动车并不属于供犯罪所用的本人财物，依法理应发还，不应予以没收。

(三)供犯罪所用的财物可否包括共犯的财物

这里的共犯，是指教唆犯或者帮助犯这种狭义的共犯。对共同正犯而言，将自己所有的财物用于共同犯罪活动的，该财物当然符合“供犯罪所用的本人财物”之含义，依法应予没收。而对狭义的共犯而言，可以肯定的是，如果对自己所有的财物将用于犯罪活动事前同意或者知情的，该共犯人的财物当然可认定为“供犯罪所用的本人财物”，理应没收。例如，甲教唆乙去某工地盗窃，并同意将自己的汽车借给乙用于运赃，或者乙向甲表示最近手头紧，要借用甲的电动车出去“弄点钱”，甲明知乙是要利用该电动车实施抢夺等犯罪活动但仍然予以出借。甲虽未亲自实行犯罪，但其与乙已形成共同犯罪关系(甲成为乙的教唆犯或帮助犯)，甲所有的财物不失为“供犯罪所用的本人财物”，仍应没收。有疑问的是，如果共犯人并不知情自己的财物被用于犯罪活动，能否予以没收？例如，甲从事电动车二手买卖交易，并有一辆 A 货车出租于乙跑运输。某日，甲教唆丙盗窃电动车销售给自己转卖。之后，丙通过中介从乙处租借了 A 货车，并驾驶该车至某电动车商铺，下车后撬锁入内，将盗窃的电动车搬上 A 货车，然后驾驶 A 货车逃离现场。此设例中，甲系教唆犯，其与丙成立共犯关系；甲出租于乙的 A 货车实际上被用于甲与丙的共同犯罪活动，从客观上看，A 货车似乎符合《刑法》第 64 条中规定的“供犯罪所用的本人财物”之要件，但从主观而言，甲虽然属于共犯，但其对于自己的 A 货车被用于犯罪活动并不知情，而《刑法》第 64 条中规定的没收之物的规范意旨，“仅是行为人意图用于实施犯罪行为之物，而不包括物品的使用或存在是相关犯罪构成要件中规定的作为前提条件之物。”[①]日本判例也认为，像踢被害人时所穿的鞋子，不是犯罪行为之时犯人以将它用于犯罪行为的意思而使用了的物品，只不过是偶然地有助于犯罪行为，不属于没收对象。[②]因此，笔者认为，上述设例中的场合，教唆犯甲只有对自己的A货车被用于正犯丙盗窃后的运赃活动，于其主观上存在明知或者具有重大过失时，方可没收之。

四、第三人财物的没收及其权利保障

供犯罪所用的财物之没收，只限于犯人本人所有的财物，如果该财物权益存在争议，第三人提出异议时，该如何处理？

(一)涉及第三人的几种情形

第一种情形：第三人属于被害人。例如，甲窃得乙的摩托车，之后利用该车参与运赃活动的，该摩托车作为供犯罪所用的财物并非属于甲所有，作为车主的被害人乙有权请求返还。

第二种情形：第三人属于权利争议人。例如，甲与乙共同出资购买了出租车，双方约定由甲负责从事出租服务，收入按比例分配。某日，甲参与他人盗窃，驾驶该车在案发现场望风接应，并运送赃物逃离现场。该出租车无疑属于供犯罪所用的财物，但是否完全属于犯人甲的财物，乙以共有人身份提出异议，主张权利。

第三种情形：第三人属于事后取得人。例如，用于犯罪后的财物转让、出售于第三人。如果司法机关追缴该供犯罪所用的财物，第三人对此主张权利的，即其适例。

(二)法律分析及其处理

1. 第三人属于被害人时，根据《刑法》第64条中“对被害人的合法财产，应当及时返还”的规定，如果犯罪被害人的财物在有证据足以确认为其所有，且该财物权益并无争议时，应在取证完成并固定后，原则上应在没收执行前先行发还。但是，如果该财物的所有权争议一时无法查清，存有疑问时，检警机关可将该供犯罪所用的财物视为应予没收之物，予以扣押保全，或者作为犯罪所得予以追缴，待该财物能够确认为被害人所有时，再予以发还。反之，则应按没收程序处理。

2. 第三人对涉案财物权益提出异议的，例如，该供犯罪所用的财物系犯人与案外第三人所共有，或者该财物属于所有权保留分期付款买卖中之物等。对于共有物，原则上不应予以没收。但是，如果该共有物可以分割，且分割对于第三人并无不利益的，可以对犯罪人所占共有物份额之部分的财物予以没收。对于所有权保留的财物，如果货款还未结清，买方(犯罪人)并未取得所有权，因而不符合《刑法》第64条中“供犯罪所用的本人

---

① [德]汉斯·海因里希·耶塞克、托马斯·魏根特：《德国刑法教科书》(下)，徐久生译，中国法制出版社2017年版，第1076~1077页。

② 参见[日]大塚仁：《刑法概说(总论)》(第三版)，冯军译，中国人民大学出版社2003年版，第453页。

财物”的要件,不得没收。

3. 第三人事后取得涉案财物的,能否没收?这要视第三人知情与否而定。如果第三人知道或者应当知道该财物系涉案财物而买受的,该财物仍具赃物性或者违法性,当然得予没收,购买者甚至可能构成刑事犯罪。问题是,如第三人在交易当时并不明知该财物与犯罪具有关联性,并支付了合理对价的,能否没收?我国司法实践中,对盗赃物基本采取“一追到底”的做法,但此举未必符合我国《民法典》对于善意受让人保护的规范意旨。根据民法学者的意见,对于善意受让盗赃物的人而言,他所具有的善意在一定程度上也就排除了其行为的不法性,此时完全将其排除于善意取得的规则之外而使其承担交易的风险是未尽合理的。因此,供犯罪所用的财物若系通过公开市场购买,或通过严格的拍卖程序获得,第三人支付了合理的对价,且已然实际占有的,则应当善意取得该涉案财物的所有权,①司法机关不得再予以追缴、没收。

(三)第三人的权利保障

供犯罪所用的财物没收的对象,通常针对的是犯罪人,包括正犯和共犯(教唆犯及帮助犯),然而由于该涉案财物没收兼具保安处分的性质,为了社会防卫的需要,此种没收亦可能会扩及被告以外之第三人。如何在依法惩治犯罪、维护社会安全的基础上,兼顾保护第三人的合法财产,其中有两点值得关注:其一,法庭裁判应否没收时,应遵循比例原则,亦即法官应衡量个案情节来判断没收与否,如犯罪行为人是习以为业或一次性犯罪、犯罪所得利益与犯罪工具的价值比、犯罪工具在犯罪流程是否扮演直接性、重要性角色而定。② 其二,就是从程序法制的观点,为第三人财产提供权利保障。虽然我国《刑事诉讼法》第 298 条规定了“犯罪嫌疑人、被告人逃匿、死亡案件违法所得的没收程序”,在该没收程序中,赋予了第三人参与诉讼以及提出上诉的权利,以保护其合法的财产权益。然而,追缴涉案财产的没收程序必须符合以下条件:(1)贪污贿赂犯罪、恐怖活动等重大犯罪案件,犯罪嫌疑人、被告人逃匿,在通缉 1 年后不能到案;或者(2)犯罪嫌疑人、被告人死亡。因此,第三人适用没收程序的范围十分有限。

从比较法的视角来看,域外法制都普遍制定有第三人参与没收的程序。《德国刑事诉讼法典》第 430 条以下在“没收和扣押财产程序”中赋予了第三人参与没收的权利③。日本在其《刑事诉讼法》之外,还专门制定了《关于刑事案件中没收第三人所有物的程序应急措施法》,以保护第三人的权益免受国家侵害。④ 我国台湾地区亦于 2016 年 6 月 22 日修“法”增订第三人参与没收及单独宣告没收之程序规范,以资遵循。⑤ 这些国家或者

① 参见梁慧星、陈华彬:《物权法》(第七版),法律出版社 2020 年版,第 247 页。

② 参见林钰雄:《新刑法总则》,中国人民大学出版社 2009 年版,第 487 ~ 488 页。

③ 参见《德国刑事诉讼法典》,宗玉琨译注,知识产权出版社 2013 年版,第 293 页。

④ 参见《日本刑事诉讼法律总览》,张凌、于秀峰编译,人民法院出版社 2017 年版,第 241 页。

⑤ 参见林俊益:《刑事诉讼法概论》(下册),台北,新学林出版股份有限公司 2017 年版,第 541 页。

地区并没有对参与没收程序的第三人之范围作出任何限制，而且第三人在参与中享有知情权、在没收方面被赋予与被告人具有同等的诉讼权利、对裁判不服可以提起上诉，使这种保护更为全面和周延。

因此，我国有必要修法增订被告人以外的人（即第三人）参与没收的程序规范，在当下可参考域外的法制经验，于没收实务中体现均衡保护的司法理念，给予第三人的财产保护提供正当程序保障。

一是履行告知义务。司法机关如认为须对被告人以外之人的财物应予没收时，应对该第三人进行有关情况告知，如告知本案案由、被告人的姓名、应没收财产之名称、种类、数量及其他足以特定之事项、涉案财产与犯罪的关联等情况①，以便于其有准备的时间，如咨询律师、整理资料和收集证据，并有针对性地陈述意见和为自己辩护。

二是给予第三人陈述、辩明的机会。司法机关如欲对第三人所有物实施没收时，应当听取其意见，让第三人有陈述和争辩的机会②，并应记录在案，作为判断应否没收的参考依据。当然，如果该第三人的财物属于我国《刑事诉讼法》第 298 条没收程序的标的物时，可依法直接参与法庭审理，享有委托诉讼代理人等诉讼权利以及行使上诉的救济权利。

三是明确除违禁物和被害人财产之外，没收必须由法庭作出裁决。如果涉案财物是属于被告人所有还是属于第三人所有，尚不明确的，亦需经由审判程序审认确定。追诉机关在审前程序可依法进行证据保全扣押以及应予没收物的扣押，但若这种扣押涉及第三人财物的，亦应践行上述告知以及给予第三人陈述等正当法律程序。

---

① 我国台湾地区相关规定课予检察官通知义务（包括侦查中通知以及起诉时通知），给予第三人陈述意见之机会，或便利其向法院适时声请参与没收程序及为诉讼准备（参见林俊益：《刑事诉讼法概论》（下册），台北，新学林出版股份有限公司 2009 年版，第 544 页）。

② 在德国，当第三人可能对被没收之标的有法律上之请求权者，应于侦查程序中尽可能地对其进行讯问，并得于中间程序及审判程序中参与诉讼。经由法院的参与命令，该第三人即成为“没收之参与人”（参见[德]克劳思·罗科信：《刑事诉讼法》（第 24 版），吴丽琪译，法律出版社 2003 年版，第 600 页）。

刍议检察机关技术性证据之专门审查

——以《人民检察院刑事诉讼规则》第334条第2款内容为切入

邢　庭*

摘要:技术性证据专门审查制度,是在以审判为中心的刑事诉讼制度改革背景下,贯彻证据裁判原则的现实要求。2019年《人民检察院刑事诉讼规则》第334条首次提出"专门审查"的概念,梳理检察机关技术性证据审查的文本脉络,可以明了专门审查制度的嬗变,跟随专门审查理念的转变,把握技术性证据审查模式的变化要求,由此强化刑事司法实践中鉴定意见等技术性证据专门审查的证据意识,为进一步证明案件事实提供更加科学、客观的路径参考。

关键词:专门审查　鉴定意见　技术性证据　刑事诉讼

改革开放40多年以来,《刑事诉讼法》《人民检察院刑事诉讼规则》(以下简称《刑诉规则》)分别经历了三次大修。《刑诉规则》内容的变化历程伴生于《刑事诉讼法》的出台与修订过程,是我国刑事诉讼理念变迁、制度革新的必然结果。这一发展进程中,关于鉴定意见有三个不容忽视的重要节点:一是司法鉴定发展史上具有里程碑意义的法律文件的出台——2005年《全国人民代表大会常务委员会关于司法鉴定管理问题的决定》;二是2010年《关于办理死刑案件审查判断证据若干问题的规定》以及《关于办理刑事案件排除非法证据若干问题的规定》的出台;三是2017年中央全面深化改革领导小组审议通过的《关于健全统一司法鉴定管理体制的实施意见》。在这样的法治背景下,刑事诉讼中鉴定意见审查的相关规定也发生了重要变化。

2019年12月,最高人民检察院第十三届检察委员会第二十八次会议通过了《人民检

---

* 邢庭,江苏省人民检察院检察信息技术部干部。本文系2018年度江苏省第五期"333工程"科研资助立项项目(项目编号:BRA2018305)研究成果。

察院刑事诉讼规则》,该部司法解释首次提出"专门审查"这一概念。[①]"专门审查"一方面既重申了鉴定意见等技术性证据的法定重要地位,另一方面也是对鉴定意见等法定证据的审查定位进行重新审视。笔者尝试梳理技术性证据审查的文本脉络,并从审查理念、审查模式两个维度探讨专门审查的应有之义。

一、规则审视:审查文本的脉络梳理

从刑事诉讼立法体系的优化历程来看,技术性证据专门审查制度在法治健全、完善、发展框架背景下,经历着从提出、发展、完善、跨越的过程。

(一)1988 年—2011 年,从提出到发展

1988 年 1 月,《人民检察院法医工作细则(试行)》首次使用了文证审查这一概念,该细则规定了对起证据作用的法医鉴定书,司法精神病学鉴定书,医疗事故鉴定意见书,病历以及现场勘验、调查访问等文证材料进行审查,并出具文证审查意见书。[②]

1997 年 1 月,《人民检察院刑事诉讼规则(试行)》规定,审查起诉部门对审查起诉案件中涉及专门技术问题的证据材料需要进行审查的,可以送交检察技术人员或者其他具有专门知识的人员审查。检察技术人员或者其他具有专门知识的人员审查后应当出具审查意见。[③]

2005 年 9 月,最高人民检察院在《关于贯彻〈全国人民代表大会常务委员会关于司法鉴定管理问题的决定〉有关工作的通知》中强调:"各级检察技术部门要加大对批捕、公诉工作中技术性证据的审查力度,积极开展文证审查工作,为检察机关履行法律监督职能提供技术保障。"[④]

2009 年 1 月,最高人民检察院发布的《人民检察院司法会计工作规定(试行)》第三章专章规定了司法会计文证审查,规定了文证审查对象,文证审查内容以及程序等。[⑤]

(二)2012 年—2020 年,从完善到跨越

2012 年 9 月,最高人民检察院在《人民检察院技术性证据审查规则(试行)》(征求意见稿)中首次提出了"技术性证据审查"概念。

2012 年 10 月,《人民检察院刑事诉讼规则(试行)》规定,"公诉部门对审查起诉案件

---

① 参见《人民检察院刑事诉讼规则》,2019 年 12 月 30 日最高人民检察院第十三届检察委员会第二十八次会议通过,第 334 条第 2 款。

② 参见《人民检察院法医工作细则(试行)》,2013 年 12 月 3 日最高人民检察院第十二届检察委员会第十三次会议通过,第 20 条。

③ 参见《人民检察院刑事诉讼规则(试行)》, 1997 年 1 月 15 日最高人民检察院第八届检察委员会第六十九次会议通过,第 257 条。

④ 《关于贯彻〈全国人民代表大会常务委员会关于司法鉴定管理问题的决定〉有关工作的通知》,高检发办字〔2005〕11 号。

⑤ 参见《人民检察院司法会计工作规定(试行)》,2009 年 1 月 18 日最高人民检察院检察技术信息中心发布,第 18 ~ 38 条。

中涉及专门技术问题的证据材料需要进行审查的，可以送交检察技术人员或者其他有专门知识的人审查，审查后应当出具审查意见。”①

2013 年 12 月，《人民检察院法医工作细则》以专门章节对法医技术性证据审查的概念、审查情形、审查内容以及审查结果形式进行规定；②《人民检察院文件检验工作细则》也对文件检验技术性证据审查的概念、审查内容、审查结果形式作出上述规定。③

2015 年 7 月，《人民检察院司法会计工作细则(试行)》同样以“技术性证据审查”专门章节的形式，规定了司法会计技术性证据审查的概念、审查对象、审查内容以及审查结果形式等。④

2016 年 9 月，最高人民检察院《“十三五”时期科技强检规划纲要》中明确提出，“适应以审判为中心的诉讼制度改革，充分发挥技术性证据审查和司法鉴定的特殊作用。”⑤

2017 年 7 月，中央全面深化改革领导小组审议通过的《关于健全统一司法鉴定管理体制的实施意见》，明确要求健全对鉴定意见等技术性证据的科学审查机制。

2018 年 2 月，《最高人民检察院关于指派、聘请有专门知识的人参与办案若干问题的规定(试行)》规定，“在审查起诉时，对于涉及专门性问题的证据材料，可以指派、聘请有专门知识的人进行审查，出具审查意见。”⑥

2018 年 12 月，最高人民检察院《2018—2022 年检察改革工作规划》中明确提出，“建立健全技术性证据专门审查制度，完善对鉴定意见、电子数据、视听资料等技术性证据审查机制，发挥技术性证据审查对办案的支持作用。”⑦

2019 年 12 月，《刑诉规则》首次以司法解释的形式使用“专门审查”这一概念，“人民检察院对鉴定意见等技术性证据材料需要进行专门审查的，按照有关规定交检察技术人员或者其他有专门知识的人进行审查并出具审查意见。”⑧

从上述关于技术性证据审查的文本脉络、发展历程可以看出，文证审查这一概念，是 1988 年最早提出“文证审查”，2013 年重新提出“技术性证据审查”，2018 年首次提出“专

---

① 《人民检察院刑事诉讼规则(试行)》，2012 年 10 月 16 日最高人民检察院第十一届检察委员会第八十次会议通过，第 368 条。

② 参见《人民检察院法医工作细则》，2013 年 12 月 3 日最高人民检察院第十二届检察委员会第十三次会议通过，第 23 ~ 26 条。

③ 参见《人民检察院文件检验工作细则》，2013 年 12 月 3 日最高人民检察院第十二届检察委员会第十三次会议通过，第 23 ~ 26 条。

④ 参见《人民检察院司法会计工作细则(试行)》，2015 年 7 月 1 日最高人民检察院第十二届检察委员会第三十七次会议审议通过，第 27 ~ 32 条。

⑤ 《“十三五”时期科技强检规划纲要》，高检发技字〔2016〕5 号。

⑥ 《最高人民检察院关于指派、聘请有专门知识的人参与办案若干问题的规定(试行)》，2018 年 2 月 11 日最高人民检察院第十二届检察委员会第七十三次会议通过，第 8 条。

⑦ 《2018—2022 年检察改革工作规划》，高检发〔2018〕14 号。

⑧ 《人民检察院刑事诉讼规则》，2019 年 12 月 30 日最高人民检察院第十三届检察委员会第二十八次会议通过，第 334 条第 2 款。

门审查”,2019 年《刑诉规则》重申“专门审查”。法律规定不仅从制度上揭开了鉴定意见等技术性证据材料的神秘面纱,同时也徐徐展现了开展技术性证据专门审查的应然之基础。

二、认识考量:技术性证据审查的理念转变

在刑事诉讼中,证据必须经过查证属实,才能作为定案的根据。证据审查不外乎从证明能力和证明力两个层面开展实质审查,技术性证据审查是对证据进行查证属实的方法之一,“在协助检察官审查判断证据的客观真实性方面,发挥着重要作用,有效解决了案件实体方面的诸多问题”。[①] 鉴定意见等技术性证据材料的证据能力与证明力的审查,离不开有专门知识的人利用专门知识解决专门性问题。检察机关关于证据审查法律规定变化,不仅是规定本身的内容改变,也是实质上的审查理念的转变。

(一)证据审查理念转变

随着刑事诉讼法律的修改,刑事诉讼证据制度也随之发生重要变化,特别是党的十八大以来,随着以审判为中心的刑事诉讼制度改革、司法责任制改革的不断深入,在司法实践中,随着罪刑法定、证据裁判、疑罪从无等诉讼原则的深入贯彻,庭审实质化越来越显得重要,证据审查的主体地位不断彰显。

“从诉讼模式来看,新型审判模式从职权主义向当事人主义的转变,在以侦查为中心的诉讼制度逐渐向以审判为中心的证据裁判制度转变时,用于约束当事人双方取证、质证等证明活动的证据规则的缺失就成为‘瓶颈’问题,从而对证据制度的重建产生了极大的需求。”[②]以审判为中心,本质上就是以庭审为中心,以庭审为中心本质上就是以证据为核心。因此,检察机关必须贯彻证据裁判的要求,构建以证据为核心的刑事指控体系。“要针对当前审查起诉环节封闭式办案、书面式审查的弊端,建立书面审查与调查复核相结合的亲历性办案模式;对命案等重大案件建立以客观性证据为主导的证据审查模式,实行技术性证据专门审查制度,完善对法医、物证等技术性证据审查机制,发挥技术性证据审查对办案的支持作用。”[③]

从诉讼要求来看,鉴定意见等技术性证据的专门审查要打破阶段性、孤立性、静态性审查的特点,不仅要溯源证据的发现、提取、固定、送检、鉴定等证据载体与证据事实形成的全过程,同时也要关注其来源的合法性以及与案件的关联性,把专门审查活动贯穿诉讼全过程,这正是庭审中心主义的实践要求。

---

① 周颂东、赵宪伟:《技术性证据审查与检察官办案责任制的辩证统一》,载《人民检察》2018 年第 22 期。

② 张保生等:《证据科学论纲》,经济科学出版社 2019 年版,第 106 页。

③ 孙谦:《新时代检察机关法律监督的理念、原则与职能:写在新修订的人民检察院组织法颁布之际》,载《人民检察》2018 年第 21 期。

（二）专业审查理念的转变

“术业有专攻”，检察官审查判断证据，既要考虑事实认定，又要考量法律适用。关于事实问题，检察官囿于在解决专门性问题时因专业技术领域知识储备不足，不得不将这部分审查判断的内容让渡于专业技术人员来协助完成，让专门的人运用专门知识做专门的事。以开展专门审查的形式，使专门性问题的审查回归到应有之义。

对比《人民检察院刑事诉讼规则（试行）》第 368 条第 2 款与《刑诉规则》第 334 条第 2 款的语义不难发现，关于鉴定意见等技术性证据审查，检察机关不仅拓展了技术性证据的外延，而且从启动主体、审查对象、审查理念、审查必要性等方面大大加强了对技术性证据专门审查的力度。比如，将启动审查的主体由“公诉部门”修改为“人民检察院”，审查对象由“专门技术问题的证据材料”修改为“鉴定意见等技术性证据材料”，“审查”修改为“专门审查”，“可以送交检察技术人员或者其他有专门知识的人”修改为“按照有关规定交检察技术人员或者其他有专门知识的人”。

三、实践趋向：技术性证据审查的模式推演

从审查文本到理念的转变，付诸于实践，将产生制度性变革，即审查模式的推演。

（一）从单一主体审查到复合主体审查

从审查主体的模式看，技术性证据审查经历了单纯由专业人员协助开展，到外部专家提供审查的咨询、协助，到聘请有专门知识的人介入审查这一审查主体模式的转变，形成了从“专业人员审查”到“专业人员 + 有专门知识的人审查”模式的转变。2012 年《刑事诉讼法》第 192 条首次扩充了可以申请法庭通知有专门知识的人出庭，就鉴定人作出的鉴定意见提出意见，立法强化了对技术性证据的审查和质证，第 192 条第 2 款无疑引来对技术性证据审查更为广泛的关注，为检察机关技术性证据审查工作更为有效地发挥法律监督作用提供了广阔的发展空间。[①] 2018 年《最高人民检察院关于指派、聘请有专门知识的人参与办案若干问题的规定（试行）》开创性地扩充了审查的主体范围，即人民检察院除可以指派检察技术人员参与办案外，还可以聘请其他有专门知识的人辅助参与办案。2019 年《刑事诉讼法》延续了 2012 年《刑事诉讼法》的这一规定。从上述法律规定的实质效果来看，引入有专门知识的人参与办案，是贯彻以审判为中心的诉讼制度改革的重要举措，是庭审实质化的重要内容，技术性证据的证明作用与诉讼地位在不断提升。

技术性证据的质量要求势必会传递到专业技术人员手中，由于专业领域的限制，某些时候在同一案件中专门性问题的种类较多，难以实现由同一专业技术人员完成，鉴定意见等技术性证据的专门审查也不再是检察官主导下的检察技术人员的“独角戏”“自留地”。因此，引入有专门知识的人参与办案，参与案件的专门性问题的审查，有助于弥补

---

① 参见文宁、周万红、王娟：《检察机关文证审查工作法律问题探析》，载《中国司法鉴定》2013 年第 1 期。

专业技术能力的缺憾,并有助于解决基层专业技术人员的短缺。在2019年《刑诉规则》中,共计有10条11款内容中出现了"有专门知识的人",而此处"有专门知识的人"明显有别于鉴定人、有鉴定资格的人以及检察技术人员。[①] 可以看出,人民检察院在引入有专门知识的人参与办案的制度设计上已作出了重要部署。

(二)从专业审查到专门审查

刑事诉讼中鉴定意见等技术性证据材料的审查大体经历了从"文证审查"到"技术性证据审查"到"专门审查"的几个发展阶段。

专业审查区别于专门审查,主要侧重于"专业",侧重于从专业技术角度谈审查,即专业的事应由专业的人完成,具有孤立、单一审查的特点,是静态地、书面复核性审查。比如,在故意杀人案件中,文证审查一般直接针对鉴定文书、书面病历资料、检材、样本的复印件进行书面审核,就提供的文证材料进行审查,仅从形式上开展审查,审查内容局限于书面,无法深入原检验鉴定过程的背后,无法深层次开展实质性审查。

专门审查体现"系统",侧重从证据审查角度谈专门审查,具有系统、全面审查的特点。对于鉴定意见等专门性问题的审查,需要专门人员介入,利用专门知识开展专门审查。专门审查不仅要关注鉴定意见等技术性证据材料的客观性、科学性审查,还要注重鉴定意见的合法性、关联性审查;不仅要关注专业技术领域的专业审查,同时还要注重不同审查主体之间的衔接配合。比如,在故意杀人案件中,专门审查不仅关注死亡原因鉴定意见的客观科学性,可能还要审查死因鉴定意见的合法性,包括与现场勘验、DNA鉴定以及相关言辞证据之间的关联性。[②]

(三)从单一文证材料审查到综合全案审查

文证审查侧重在"文证"上,对文证材料的审查,文证材料一般包括鉴定书、检验报告、检查笔录等证据材料,仅具有单一性、专业性、文书复核的特点。

技术性证据审查、专门审查的审查对象不仅仅关注文证材料,而且还要求审查文证材料形成的过程审查,即对检验鉴定的形成过程进行回溯性审查,[③]不仅具有专业性、复核性的特点,而且是综合全案审查、具有重现性的特征。

(四)从客观性审查到"三性"审查

文证审查的重点是审查材料的科学性、可靠性、准确性。最高人民检察院1988年《人民检察院法医工作细则(试行)》第21条规定,检验记载是否全面、细致;检验方法是否规范、可靠;论点是否明确、清楚,论据是否科学、充分;结论是否客观、正确,以及是否

---

① 参见《人民检察院刑事诉讼规则》,2019年12月30日最高人民检察院第十三届检察委员会第二十八次会议通过,第332、334、335、358、392、395、404、406、420、609条。

② 参见邢庭:《我国刑事诉讼鉴定意见审查研究》,南京师范大学2017年硕士学位论文,第17页。

③ 参见邢庭:《刑事诉讼中法医学鉴定意见审查路径思考》,载《检察技术与信息化》2019年第5辑(总第037辑)。

符合鉴定目的和要求等。可以看出，是一般性、符合性审查。

技术性证据专门审查不仅关注客观性审查，也有合法性、关联性审查的内容。比如，2013 年《人民检察院法医工作细则》第 25 条规定的七款内容中，其中第 1 款规定了关于鉴定资质的合法性问题，第 6 款规定了审查勘验检查笔录中涉及法医学的内容与检验鉴定是否一致。[①]

四、余论

刑事司法实践中，鉴定意见等技术性证据材料的专门审查，亟须出台制度层面、操作层面的相关配套措施，如何让法官、检察官等对证据的审查判断、质证认证主体与有专门知识的专业技术人员能更好地融合、协作，着力解决如何开展、怎么审查的问题，一方面需要相应的具体制度保障，另一方面迫切需要相关专业技术指引，期待在技术性证据材料的流转等多个环节设置协作机制，以及在各个专业技术领域制定可操作性的专门审查指引。

① 参见《人民检察院法医工作细则》，2013 年 12 月 3 日最高人民检察院第十二届检察委员会第十三次会议通过，第 25 条。

“案—件比”指引下补充侦查的规范运用

李　响　邱利军　蓝文想[*]

摘要:“案—件比”指标是检察机关内部最新的办案质效评价指标。规范补充侦查的运用是优化“案—件比”的重要步骤。实践中,补充侦查存在过度适用、效率低下、权利保障薄弱等问题,这主要源于检警制约不足、退补缺乏跟踪、自侦力量薄弱、考核未加束缚等方面因素的影响。在“案—件比”指标的指引下,检察机关可通过提前介入、跟踪监督、自行补侦以及保障救济等路径完善补充侦查的运用。

关键词:“案—件比”　补充侦查　办案质量　检察业务考评

一、“案—件比”指标的意义及其对补充侦查的影响

(一)“案—件比”指标的意义

2020 年 4 月,最高人民检察院印发《检察机关案件质量主要评价指标》(以下简称《评价指标》),标志着以“案—件比”为核心的案件质量评价指标体系正式建立。“案—件比”,即发生在人民群众身边的“案”,与“案”进入司法程序后所经历的有关诉讼环节统计出来的“件”相比,形成的一组对比关系。“案”是指发生的具体案件,“件”是指这些具体的案进入司法程序后所经历的有关诉讼环节统计出来的件。“案—件比”中“件”数越高,说明“案”经历的诉讼环节越多,办案时间越长,当事人对办案活动的评价相对越低,办案的社会效果越差。

从宏观层面来看,“案—件比”指标的设计符合我国《宪法》第 27 条规定的精简原则,“一切国家机关实行精简的原则,实行工作责任制,实行工作人员的培训和考核制度,不断提高工作质量和工作效率,反对官僚主义。”检察工作质效提升,最直接的感知者是人民。诉讼负担的降低,会使人民在司法中有更多的获得感与安定感,有助于司法公信力

---

* 李响,江苏省盐城市亭湖区人民检察院检察长;邱利军,江苏省盐城市阜宁县人民检察院第二检察部主任;蓝文想,南京大学法学院诉讼法硕士研究生。

的建立。除了对人民期待的回应,近年来开展的认罪认罚从宽制度、捕诉一体制度等一系列改革,需要全新评价指标予以回应。制度目的的实现仰仗于制度实践者能动性的发挥,通过"案—件比"考核调动广大检察官的积极性,是促使改革举措落实的重要保障。

虽然"案—件比"是检察机关内部的绩效考核指标,但是为了达到降低该指标的目的,检察官必然要和公安、法院等机关有更多的合作,这将联动提升相关诉讼职能部门的履职水平。例如,检察官可提前介入侦查过程,为侦查提供更可靠的证据收集指引,尽可能避免因取证缺失与瑕疵造成的程序回流。检察机关为了提升指控的成功率,避免补充起诉、补充侦查等情况的发生,也有必要主动和法院商讨类案证据标准的制定,这对于保障庭审顺利进行、提高审判质量有重要意义。"'案—件比'固然可以衡量检察机关的办案质效,同样也可以映射出公安机关和法院的办案质效问题"。[①] 从长远来看,这可能使检察机关通过内部改革和能动发挥检察机关在刑事诉讼中的"主导责任",推动整个刑事诉讼办案质效的提升。

从微观层面而言,"案—件比"指标的引入有利于提升检察人员的办案能力,改善检察机关的工作作风,促进检察机关内部资源的优化配置。一方面,合理的考核机制将引导检察官更主动地提升办案能力与办案专注度,促使检察工作向更加精细化的方向发展,逐渐走向"精密司法"。另一方面,改革的初衷是希望通过减少不必要的诉讼环节提升检察工作效率,这虽然可以通过考核带来的检察官自我加压得以部分实现,但更重要的是通过分析案件类型与办案难度更合理地配置司法资源,从而更好地发挥检察官的能动性。在分析不同部门"案—件比"的差异后,优化办案力量以及非办案事务的分配,检察工作会以更符合检察规律的方式运作。

(二)"案—件比"更有利于推动补充侦查的规范使用

明晰"案—件比"的意义后,需要进一步思考如何降低该指标。目前,"案"的计算是选取一段时间内检察机关审查逮捕的案件,以及扣除经历审查逮捕活动后审查起诉的案件。"件"的计算是在"案"的基数上增加16项业务活动[②]所衍生的"新案件"。通过"案—件比"的计算方式不难发现,"案"的数量是固定的,"件"的数量是不断衍生的,所以降低"案—件比"的关键就落到了降低"件"的数量上。刑事诉讼中,根据各诉讼环节在个案中实施的必要性可分为必要环节和非必要环节。必要环节包括强制措施运用的审核、起诉等,非必要环节主要包括延长审查起诉期限、退回补充侦查、不批捕或不起诉的

---

① 万毅:《"案—件比"让隐形法律变良法之治》,载《检察日报》2020年5月20日,第3版。

② 16项业务活动包括:批捕(不批捕)申诉、不批捕复议、不批捕复核、一次延长审查起诉期限、二次延长审查起诉期限、三次延长审查起诉期限、一次退回补充侦查(扣除直诉案件中未提前介入案件)、二次退回补充侦查、不起诉复议、不起诉复核、不起诉申诉、撤回起诉(扣除因法律、司法解释改变而撤回起诉的)、法院退回(扣除因被告人不在案而退回的)、被告人上诉、检察机关建议延期审理、国家赔偿。载 https://www.spp.gov.cn/spp/zdgz/202005/t20200522_462408.shtml. 最后访问时间:2020年8月25日。

复议或复核等,"件"即属于此。降低"案一件比"的直接目的是提升检察官的办案效率,直接体现为办案时间的缩短,这就要求检察人员将必要环节的工作尽可能一步到位,同时尽力避免非必要诉讼环节的出现。

由此可见,对于可能拉长办案时间的业务活动,就成为了这次改革重点突破的对象。"最优的程序设置在于使办案过程中产生的诉讼成本和错误成本之和最小。"①当前实践中,"补充侦查"一定程度上异化为变相延长办案期限的措施,使用不规范情形突出,有违制度生成的本意。这一情况已引起最高人民检察院的重视,并积极采取措施予以应对。2020年3月,最高人民检察院、公安部共同制定了《关于加强和规范补充侦查工作的指导意见》(以下简称《指导意见》)。相对于原有的考核体系,"案一件比"指标体系与该意见的主旨更为贴合,为该意见的落实提供了有力的抓手。

二、补充侦查的运行情况——以某市检察机关实践为例

补充侦查可能发生在刑事诉讼活动的不同阶段,既可以是侦查阶段,也可以是审查起诉或是法庭审理阶段。"案一件比"指标关涉的主要是审查起诉阶段的运用。因此,笔者以所在的某市检察机关审查起诉阶段补充侦查的运用情况为例,总结其出现的问题。由于补充侦查不规范运用所呈现的问题具有普遍性,因此该实证调查对于其他检察机关也具有一定的参考价值。

(一)补充侦查退查率偏高、自行补充侦查率偏低

某市检察机关审查起诉阶段补充侦查运用情况表

年份	受理案件	一次退查	二次退查	一次退查率	二次退查率	二次退查/一次退查	自行补充侦查	案一件比
2017年	5487件	1008件	374件	18.4%	6.8%	37.1%	1	1.61
2018年	5693件	1191件	475件	20.9%	8.3%	39.9%	1	1.76
2019年	5596件	1103件	391件	19.7%	7.0%	35.4%	/	1.81
2020年	5191件	534件	88件	10.3%	0.7%	16.5%	364	1.24

1.一次、二次退查率均较高

根据数据统计,在退查率方面,2017—2019年,某市检察机关受理案件有约20%经历一次退查,接近于全国的平均水平。2020年以来,"案一件比"质效考评指标作用明显,一次退查率降低约10%。一退比例虽然可以理解为公诉人严格证据审查,追求实体公正,但如受理案件中重大、疑难、复杂的相对较少,这样的退查比例仍然偏高。经历过一

① 张卿:《"案一件比":以最小总成本实现正义目标》,载《检察日报》2020年6月3日,第3版。

次退查的案件,约 36.7% 的案件经历二次退查,2020 年以来,二次退查率明显下降,但仍占一次退查数的 16.5% 。这表明一次退查效果不理想,未能达到预期。

2. 自行补充侦查率较低

在自行补充侦查方面,据统一业务应用系统数据显示,2017—2019 年,自行补充侦查数据仅 2 件。这里需要说明的是,有些案件在审查起诉阶段进行自行补充侦查,但是未制作相关法律文书、未填录案卡,导致未能统计出相关数据。2020 年以来,检察机关在“案—件比”指标体系倒逼下,注重行使自行补充侦查权,数据有明显提升。总体来说,检察机关自行行使补充侦查权的比例过低,许多检察人员对于该权力的行使还比较陌生。

(二)退查文书较为粗疏

检察机关在将案件退回补充侦查时,需制作补充侦查提纲,列明补查事项,这是发挥检察引导侦查,落实检察机关主导作用所必需的。在系统内查看补充侦查提纲,可以发现,大部分补充侦查提纲制作较为简单,经常仅有“你局移送审查起诉的案件,经本院审查认定存在事实不清,证据不足的问题。现根据《刑事诉讼法》第 171 条,将本案退回你局补充侦查”的简略表达,并未详细列明需要补充侦查的事项、措施、程序等。侦查人员不了解案件证据体系还存在什么问题,起诉究竟还需要什么证据,难以明确补充侦查的方向。如何补充侦查完全取决于侦查人员的自我判断。这不但影响补充侦查的实际效果,也降低了补充侦查提纲的权威性,直接导致二次补充侦查率偏高。在一些案件中二次退回侦查与一次退回侦查的提纲存在雷同现象,而公安机关补侦后反馈的补充侦查报告也存在高度相似的情形,这说明第一次退回侦查对侦查工作的完善几乎没有任何作用。其部分原因就在于补充侦查提纲的粗略。

(三)犯罪嫌疑人权利保障薄弱

补充侦查在制度上主要被设置为完善案件证据体系的措施,如何行使完全取决于检察机关的判断,但补充侦查对犯罪嫌疑人的权利影响甚巨,特别是其运用往往意味着犯罪嫌疑人审前羁押期限的延长。但在当前的实践中,退回补充侦查的原因、具体进展并不向犯罪嫌疑人及其辩护人告知,辩方更无提出异议等救济手段,权利保障明显不足。在某些案件中,由于补充侦查的低效,甚至可能导致长期羁押,更严重损害了当事人权益。

三、补充侦查存在问题之成因

(一)侦查工作存在先天不足

在我国,实质主导侦查程序的是公安机关,检察机关虽然可通过法律监督权对不当的侦查行为予以干涉,但侦查工作独立性极强,在移送审查起诉前,检察机关大多数时候并不知晓案件的事实与证据情况。“侦查监督权在实践中常软化为柔性监督,缺乏刚性,重要原因之一是‘信息孤岛’,即公安机关与检察院的办案数据信息是相互隔断的,检察机关无法及时有效地掌握公安办案的情况。”[①]一旦公安机关侦查完毕移送审查起诉，若证据存在缺陷，检察机关只能通过补充侦查措施进行解决。同时，由于检察机关对侦查工作基本没有控制力，公安机关甚至可以移送侦查未完成的案件，以补充侦查方式向检察机关“借”办案时间。而检察机关与侦查机关的合作关系，尤其是检察机关已经做出批准逮捕的情况下，使检察机关无论对于“借”时间的案件，还是对于真正存在问题的案件，都很难通过不起诉来终止程序，而必须给侦查机关更多的补正机会。在检察机关对侦查活动指引不足的情况下，补充侦查若不加限制，很可能走向常态化，因为检察机关仅根据在案证据往往难以实现有效指控。“要么案件因证据不足不起诉，要么只能以轻罪、轻情节起诉，刑事追诉的价值遭受贬损，同时，公诉也有可能因此陷入进退两难的境地，一旦‘带病’起诉，那么庭审上风险陡增”。[②]

由于检察机关承担起诉职责，其对案件证据的把握是以定罪为标准，而侦查、调查机关则有更浓重的破案思维，更看重抓获犯罪嫌疑人，对证据体系的把握相对较低，这使从侦查到起诉对证明标准的把握呈现“倒级差”现象，[③]客观上增加了补充侦查的概率。

（二）补充侦查提纲指引不明，检警沟通不足

如前文所述，实践中补充侦查提纲粗疏，起不到指引作用的情况比较突出，其原因是多方面的。一是退回补充侦查本身作为“借时间”程序手段所致。在侦查工作未完成，侦查机关通过补充侦查“借”时间，个别检察机关甚至默认侦查机关在不移送案件情况下申请退回补充侦查，退补提纲流于形式也属“正常”。同样，在检察机关为缓解自身办案时间压力启动的退回补充侦查，退补提纲也存在同样的问题。二是某些检察人员工作责任心不够或工作方法不当。在《指导意见》颁布前，法律并未严格规定退补提纲的格式和内容，补充侦查提纲是否详细，很大程度上取决于办案检察人员的责任心。有些检察人员责任心不够强，出具的补充侦查提纲较为粗疏与宽泛，有时也不对需要补充的事项说明理由，导致侦查人员无所适从，影响补充取证的质量。三是检警沟通不足。检警及时沟通对于保障补充侦查的质量至关重要。审查起诉和侦查取证是性质不同的工作，有不同的工作规律。有些检察官对侦查取证难度了解不足，在未与侦查人员充分沟通的情况下，提出一些不切实际的要求，引起侦查机关的抵触，采取实质上“退而不侦”。有些侦查人员对证据体系理解不到位，认为补充侦查是挑毛病，是检察人员与自己过不去，接到补充侦查要求后，以拖代侦，到时间就原案移送。“司法实践过程中，公安机关提供的部分补充侦查报告中罔顾补充侦查提纲要求，言之无物，且拒绝与检察机关进行合理沟通，进

---

① 秦宗文：《“检察机关刑事诉讼主导责任论”辨析》，载《法治现代化研究》2020 年第 3 期。

② 陈卫东：《论检察机关的犯罪指控体系——以侦查指引制度为视角的分析》，载《政治与法律》2020 年第 1 期。

③ 参见秦宗文：《司法改革语境下公诉证据标准再检讨》，载《暨南学报（哲学社会科学版）》2018 年第 12 期。

而直接导致侦检双方因斗气而使刑事案件进入退回补充侦查程序的例证,也偶有发生。”[①]这也就导致了一次退回补充侦查质效不佳,二次退回补充侦查率相对较高的局面。

(三)自行补充侦查的主观动力不足,客观条件难以有效支撑

从实践统计来看,自行补充侦查的案件数量远远低于退回补充侦查。由于机构性质与人员素养的差异,大多数补充侦查由公安机关完成是正常的。上述数据有一定的合理性。但要同时看到,《刑事诉讼法》规定的补充侦查包括检察机关自行补充侦查与退回补充侦查,法律上对自行补充侦查的适用范围并未做限制性规定,检察机关是否启动自行补充侦查,有很大的自主性。并且,从立法意图上,之所以赋予检察机关自行决定是否启动补充侦查,不无一定程度上鼓励检察机关自行补充侦查之意。其原因在于:(1)原侦查行为存在较小瑕疵时,检察机关自行补侦而非退回侦查机关,更符合效率原则;(2)检察机关的补充侦查权有制约侦查机关的功能。侦查机关基于某种原因而怠于详尽侦查时,检察机关的补充侦查可予以弥补,并对侦查机关发挥制约功能。但就办案的检察官而言,自行补充侦查显然会增加工作量,难以激发检察官自行侦查的积极性。许多检察官更愿意将案件退回由侦查机关侦查而非自行侦查。

除了主观动力不足之外,在职务犯罪调查权转隶之后,客观力量不足也是妨碍自行侦查权的有效行使。“监察体制改革后,检察机关自侦部门整体转隶,检察机关面临无侦查人员、无侦查机构、无侦查装备的‘三无’局面”。[②] 检察机关的自侦能力大大下降,能否良好完成补充侦查的工作存在疑问。

(四)原考核指标体系与补充侦查的正确适用存在冲突

原考核指标体系对案件起诉后的无罪判决率和撤回起诉率有较为严格的要求,但对起诉前的退回补充侦查则没有限制,仅受制于不得退回补充侦查两次的限制。为了防止案件起诉后撤回起诉或被法院做无罪判决,检察官在起诉前对案件质量有较高的要求,对达不到起诉标准的案件,宁可退回侦查机关补充侦查。在一般人的观念中,检察机关将案件退回侦查机关补充侦查,正体现了对办案质量的严格把握,是值得鼓励之事,这也是原有指标体系对退回补充侦查限制较松的原因所在。但如前文所述,实践中退回补充侦查一定程度上被滥用,加大了司法成本,降低了诉讼效率,背离了立法初衷。“案—件比”考核机制有利于纠正制度运行出现的偏差。

四、以“案—件比”为指引,完善补充侦查运行

贯彻“案—件比”质量评价指标体系,要求检察机关以全局思维思考办案质效的提

---

① 胡飞:《退回补充侦查的程序控制》,载《人民检察》2015年第24期。

② 郑永生、周红亚、魏韧思:《改革背景下检察机关补充侦查权的行使与完善》,载《上海法学研究》2019年第7卷。

升,从源头杜绝、过程控制等方面加强对不同诉讼阶段案件证据质量控制,改进工作思路和方法,切实提升补充侦查的运行质效。

(一)提前介入,引导侦查

降低"案—件比",首要的就是提升侦查工作的质量,尽量避免补充侦查的出现。于检察机关而言,加强对侦查工作的引导、监督作用应是未来改革的着力点。"通过引导侦查的权力形态,能够最大限度地消解公安机关过去对刑事案件的单轨制侦查,强化检察机关在侦查阶段的监督地位,形成在侦查环节的权力制衡效果。"①检察引导侦查的前提是侦诉机关对案件证据标准认识要统一,使侦查机关从侦查起始就按照公诉的需要取证,提高案件质量,减少补充侦查的发生率。

从具体的指导方式来看,主要有以下两种:一是设置派驻机构。通过向侦查机关派驻检察官或定期分片巡查的方式,尽可能实现全区域、普遍性的引导。但目前这种引导偏向于"咨询式"引导,派驻检察官并不干涉侦查人员的侦查活动,只提供证据收集、法律适用以及规范侦查行为方面的意见,目的是提升侦查工作的质效与规范性,使侦查结果更好地与审查起诉的要求衔接。针对退查罪名较为集中的类案,可以通过召开座谈会、联席会议等方式,对一段时间内侦查质量存在问题进行沟通,建立联动机制,充分发挥"疏淤导流"作用,提升特定类型案件侦查质量。同时,通过公诉证据标准对侦查工作的渗透,逐渐缩小侦查人员与检察人员之间的认知差异。二是个案提前介入机制。这种引导方式下,检察机关对案件的参与程度更高,其主要面向的是疑难复杂、影响重大的案件。检察机关主动介入引导侦查,保证检察机关能较早全面掌握案件事实、证据情况,在侦查阶段就以提起公诉的标准引导取证,确保案件质量。在发挥引导作用时,要注意两者的结合运用,同时也要注意防范两种方式的弊端。在派驻监督时,需要警惕派驻检察官"驻而不督"的情况,应对其派驻工作进行一定的考核,一方面考核其参与引导侦查的情况,另一方面可就因失职而导致的侦查行为不规范、不彻底甚至是出现重大失误,进行负面评价,督促其履职。在个案提前介入中,需要明确检察机关可参与的案件范围与职权范围,防止程序启动与运行的随意性,避免干扰正常的侦查工作,激化检警矛盾。

(二)严控补侦,跟踪监督

降低"案—件比"的另一要义在于降低二次退查率,这就要求一次补充侦查的工作要尽可能做到极致。在补充侦查工作中,核心抓手无疑是退回补充侦查提纲。补充侦查的出现一定程度上说明了双方在证据要求上没有达成共识,粗疏的退补提纲、苍白的检警交流无助于这种共识的达成。退补提纲不仅要发挥指引补充侦查的作用,也应作为评价检察官是否尽到客观、勤勉义务的依据。根据《指导意见》,退回补充侦查提纲可以概括为七项具体内容:补充侦查的理由;补充侦查的方向和取证目的;需要补充侦查的具体事

---

① 周新:《检察引导侦查的双重检视与改革进路》,载《法律科学》2020 年第 2 期。

项和需要补充收集的证据目录;根据起诉和审判的证据标准,明确补充、完善证据需要达到的标准和必备要素;有遗漏罪行的,应当指出在起诉意见书中没有认定的犯罪嫌疑人的罪行;有遗漏同案犯罪嫌疑人需要追究刑事责任的,应当建议补充移送;其他需要列明的事项。《指导意见》第8条还规定了两机关的沟通义务。在补充侦查程序启动前检察官应和负责本案的侦查人员直接交流,商议更具有可操作性的方案。检察官应建议尽量保持由原侦查人员主持补充侦查工作,提升补充侦查的效率。

值得一提的是,实践中有些地区为了落实"案一件比"指标,将第一次退回补充侦查的决定权收归分管院领导。笔者认为,还是应当保持承办检察官在是否退回补充侦查问题上的独立判断权。承办案件的检察官是与案件距离最近的人,如果其在之前的履职是尽责的,有理由相信其专业判断,如增加承办检察官承担说服领导的责任,可能导致其降格起诉或带"病"起诉,不利于提高办案质量。但是在二次补充侦查的必要性审查阶段,可由相关的部门负责人、分管检察长审核把关,这可以督促承办检察官在一次补充侦查时将工作做到极致。

案件退回补充侦查后,检察机关应跟踪督促,建立侦查人员定期反馈机制。发现怠于补充侦查、补充侦查不力、无实质性进展的,应视情况采取书面形式告知侦查单位或口头沟通等方式及时监督、纠正;对于违法违纪的,应建议追究相关人员责任。此外,可考虑和侦查机关商量,将退查率也作为侦查人员考核的指标,实现一定程度的考核衔接,整肃批捕后消极退查、退而不侦的情况。

(三)提高效率,自行补侦

首先,要树立积极自行补充侦查的意识。在原有的绩效考核下,怕麻烦、人手紧张等因素使部分检察机关怠于启动自行补侦。在"案一件比"的倒逼下,本着查明案情、兼顾效率的原则,检察机关要优先考虑自行补充侦查。对于检察机关具备补充证据条件的,如案件基本事实清楚,退查内容较简单且所需时间较短的案件,可进行自行补充侦查,以提升结案率。对于一些短期内可以收集到的证据,可采取向其发出《调取证据材料通知书》等方式,要求侦查机关对相关证据补充收集后直接进行移交。对于使用上述方法均难以查清案件事实的情况下,才适用退回补充侦查。

其次,提升自行补充侦查能力。在以审判为中心的诉讼制度改革背景下,主证复核重回视野,重要性也被强调。检察人员不能将办案等同于办公,仅关注书面案卷材料,只在办公室、看守所、法院之间完成审查工作,而是要增强案件事实、证据审查的亲历性,多学习了解侦查经验和技能。检察机关内设机构侦查部门虽遭遇了人员转隶,但检察机关可以考虑对现有的司法、人力资源进行整合,优化分配,再培养一批相对专业、具有较强自主侦查能力的检察队伍。有研究者指出,基于原有的侦查设备及技术侦查方面良好的硬件条件,可考虑由刑事检察业务中的侦查监督部门负责部分侦查权,[①]这种建议有一定的参考价值。

最后,必要时与侦查机关的联合补充侦查。《刑诉规则》第342条规定,必要时可以要求公安机关提供协助。这实质上是一种联合补充侦查方式。在该模式下开展补充侦查的主体为检察机关,但侦查机关可发挥重要作用。这主要是考虑侦查人员作为案件的直接经手人,对案件相关情况更为了解,在开展补充侦查时具有较大优势,而公诉部门在该过程中受到侦查水平、侦查能力、硬件设备等的限制难以达到预期效果。因此,公诉部门自行补充侦查过程中可以借助侦查机关的力量,如可通过原办案人员获取更多证据材料,甚至还可以让原侦查人员参与到补充侦查过程中实现协同取证。这既能让侦查人员对于案件的真实情况有进一步了解,特别是对于原有证据中所存在的不足有清晰认识,同时也进一步加强两机关的沟通交流,为联合侦查方式的有效运用奠定良好基础。

(四)外部监督,保障人权

"案一件比"指引下的补充侦查适用率的下降,更多依赖于检警的同向协作。"出于利益需求,检察权在违法侦查中也许扮演着某种角色,难有超脱的地位,在这样一种机制下,检察官对侦查环节的程序瑕疵更易产生容错的可能"。[②] 在检、警合作性加强后,犯罪嫌疑人及其辩护人的正当利益会受到更大的威胁,需要在制度设计上予以关照。笔者认为,在补充侦查程序中应赋予犯罪嫌疑人及其辩护人知情权及异议权。检察机关在将案件退回补充侦查时,在不妨碍侦查活动的原则下,应将退回补充侦查决定及理由书面告知当事人。如果当事人对退回补充侦查有异议的,可以提出复议,检察机关应书面听取意见。确属退查不当的,应撤销退回补充侦查决定,进行自行补充侦查或作出终结性决定。值得注意的是,不能因为对"案一件比"的追求而轻易地作出不批捕、不起诉或者降低起诉的决定,甚至进一步压制被害人参与诉讼的权利。"案一件比"指标设立的初衷是提升办案质效,让公民有更强获得感,切不可为了指标的实现而引发更大的矛盾。

---

① 参见王译:《检察机关侦查权限度保留的内在逻辑及其合理配置》,载《湖南农业大学学报(社会科学版)》2019年第5期。

② 周新:《检察引导侦查的双重检视与改革进路》,载《法律科学》2020年第2期。

不起诉后涉案财物处置问题研究

赵 卿 李 庆 刘晓茜*

摘要:不起诉后涉案财物处置是检察工作的一项重要内容。通过实证分析、实地调研发现,不起诉后涉案财物处置工作尚存在认识滞后、涉案财物认定标准缺乏、处置程序机制缺乏、保障体系不健全等问题,需通过加强工作引导、明确涉案财物证明标准、完善涉案财物处置程序、构建保障体系等举措加以解决。

关键词:不起诉 涉案财物 权属认定 权利救济

不起诉,不仅是起诉裁量的重要体现,也是检察机关行使法律监督职能、积极参与社会治理的重要途径。近年来,不起诉率呈现逐年上升趋势。① 随着不起诉案件数量的增多,不起诉后的涉案财物处置工作凸显出一些实践难题,有必要对不起诉后的涉案财物处置工作进行全面的审视。特别是在国家监察体制改革和司法体制改革背景下,丰富完善检察权与检察职能的时代内涵,为不起诉后涉案财物处置工作乃至不起诉后的检察制度完善提出了新的课题与要求。本文从实证角度出发,分析不起诉后涉案财物处置工作中存在的现实问题,探讨完善不起诉后涉案财产处置工作的实现路径,为完善不起诉后的检察制度提供参考。

一、不起诉后涉案财物处置工作实证分析

对刑事案件的涉案财物及其违法所得的处理,是不起诉后检察工作的重要内容。我

---

* 赵卿,江苏省徐州市人民检察院第八检察部副主任;李庆,江苏省徐州市铜山区人民检察院第六检察部主任;刘晓茜,江苏省徐州市邳州市人民检察院干部。本文系江苏省人民检察院课题“不起诉后检察权问题研究”阶段性成果。

① 经统一业务系统检视,2017 年某省检察机关不起诉 4042 人,同期审结 113561 人,不起诉率为 3.56%;2018 年某省检察机关不起诉 7331 人,同期审结 123537 人,不起诉率为 5.93%;2019 年某省检察机关不起诉 8724 人,同期审结 128014 人,不起诉率为 6.81%;2020 年上半年某省检察机关不起诉 5634 人,同期审结 48262 人,不起诉率为 11.67%,不起诉率逐年上升趋势明显。

国《刑事诉讼法》第177条第3款①以及《人民检察院刑事诉讼规则》第374条、第375条②均规定了人民检察院决定不起诉的案件，应当对违法所得等涉案财物进行处置。为深入考察检察机关作出不起诉决定后涉案财物处置工作运行的实际状况，课题组随机选取江苏省两个地级市的五家基层检察院为样本进行数据分析。

（一）不起诉后涉案财物处置工作情况

2018年1月至2020年6月，5家基层检察院共办结不起诉案件467件724人，其中侵犯财产犯罪152人和破坏社会主义市场经济犯罪150人，共占不起诉人数的41.71%。这两类犯罪不起诉后，往往会涉及涉案财物处置工作。但实践中，不起诉后涉案财物处置工作开展的不甚理想。调研发现，2018年1月至2020年6月，5家基层检察院对6件案件提出没收违法所得的处理意见，其中向侦查机关发出检察意见书1份，向行政主管机关发出2份处理违法所得意见书和3份检察建议书。从调研数据来看，在两年半的时间跨度内每个基层院平均仅发出一份提出没收违法所得处理意见书，提出没收违法所得处理意见的案件数占调研样本总数的1.28%。

（二）不起诉后涉案财物处置存在的主要问题

一是对涉案财物的处理不规范问题。在不起诉的同时应当对侦查中查封、扣押、冻结的财物解除查封、扣押、冻结的，未在不起诉决定书中表述查封、扣押、冻结的涉案财物的处理情况，也未书面通知相关机关解除查封、扣押、冻结。二是应制发而未制发"检察意见书"。部分案件对被不起诉人需要给予行政处罚、处分或者没收违法所得的，未提出检察意见，连同不起诉决定书一并移送有关主管机关处理，也未要求有关主管机关及时通报处理情况。三是文书的制作、送达不规范。有的案件提出没收违法所得检察意见，未制发"检察意见书"送达有关主管机关，而仅在"不起诉决定书"中进行表述且实际未送达有关主管机关。以上方面存在的问题，也反映了法律监督机关的监督职能仍需进一步强化。

（三）不起诉后涉案财物处置座谈情况

课题组随机抽取了11名员额检察官对不起诉后涉案财物处置工作的开展情况进行了座谈。座谈发现，有6名员额检察官对不起诉后涉案财物处置工作不甚了解，占比为54.5%；有5名员额检察官表示平时在电脑、书刊、手机上看到过不起诉后检察权运行情况，了解到不起诉后需要开展涉案财物处置，占比为45.5%。再者，这11名员额检察官

---

① 《刑事诉讼法》第177条第3款规定："人民检察院决定不起诉的案件，应当同时对侦查中查封、扣押、冻结的财物解除查封、扣押、冻结。对被不起诉人需要给予行政处罚、处分或者需要没收其违法所得的，人民检察院应当提出检察意见，移送有关主管机关处理。有关主管机关应当将处理结果及时通知人民检察院。"

② 《人民检察院刑事诉讼规则》第374条规定："人民检察院决定不起诉的案件，应当同时书面通知作出查封、扣押、冻结决定的机关或者执行查封、扣押、冻结决定的机关解除查封、扣押、冻结。"第375条规定："人民检察院决定不起诉的案件，需要没收违法所得的，经检察长批准，应当提出检察意见，移送有关主管机关处理，并要求有关主管机关及时通报处理情况。具体程序可以参照本规则第二百四十八条的规定办理。"

中有 3 名员额检察官对不起诉后涉案财物处置的依据、处置程序、监督方式不甚了解，不知道应该如何开展工作，占比为 27.3%；2 名员额检察官表示因不起诉后没有涉案财物处置的案卡提示，没有相关的考核导向，且涉案财物处置工作较为复杂，需要相关专业知识，在作出不起诉决定后往往采取口头通知侦查机关处置涉案财物的方式去处理，占比为 18.2%。

二、不起诉后涉案财物处置工作存在的问题

课题组采取统一业务系统数据梳理、查阅卷宗、与办案检察官面对面座谈等方式，就不起诉后涉案财物处置工作中存在的问题进行了调研。调研发现，不起诉后涉案财物处置工作尚存在认识滞后、涉案财物认定标准缺乏、处置程序机制缺乏、保障体系不健全等问题。

（一）对不起诉后涉案财物处置工作认识滞后

一是办案重心偏差。囿于有罪必诉和“不诉便了之”的程序思维误区，大多数刑事案件办理过程中，办案人员往往注重对犯罪分子刑事责任的追究，主要精力用于收集定罪量刑证据、判断证据是否确实充分、分析罪与非罪、此罪与彼罪，在这个过程中追缴赃款赃物作为附带、派生职责受到的关注程度并不高，特别对不起诉案件，往往注重的是案件定性，忽略不起诉后涉案财物处置。

二是绩效考核偏差。司法机关内部制定绩效考核指标时，往往将刑事案件的案件性质、涉案金额多少、影响力大小通常作为评价办案人员案件办理质效的重要内容。但涉案财物处置特别是不起诉案件的涉案财物处置工作没有纳入考核工作重点，也不作为办案人员工作质效评价的重要方面，不利于激发办案人员投入不起诉后涉案财物处置的工作积极性。

三是业务能力偏差。不起诉后涉案财物的正确处置需要较强的专业性知识，需要检察官充分掌握涉案财物处置工作的行业标准、管理体系、会计审计、合规等专业知识。调研座谈中发现，不少检察官对于不起诉后涉案财物处置工作的知识储备与更新不足，对不起诉后涉案财物处置的认定标准、工作程序等都不甚了解，这些都是导致不起诉后涉案财物处置工作虚置化、形式化的重要原因。

（二）不起诉后涉案财物认定标准缺乏

一是证明标准立法空白。基于涉案财物的多样性，立法上很难对涉案财物证明标准作出详尽规定，但这却为涉案财物处置带来实践困境。特别是不起诉案件，缺少法庭对涉案财物的质证环节，检察机关对权属性质不明确的涉案财物处置起来就更加困难。如对于公安机关为预防犯罪嫌疑人恶意转移、藏匿财物而采取暂时性扣押的有关财物等非涉案财物或性质不明的财物如何认定涉案财物缺乏明确具体的法律规定，检察机关无法对相关财物进行明确性质的界定，由此带来的后果就是不起诉后相关财物处置的混乱。

二是权属认定缺乏精准。涉案财物权属性质的认定是不起诉后涉案财物处置最为

重要、最为现实的问题。当前,不起诉后涉案财物权属性质的认定情况不容乐观。司法实践中,检察机关在作出不起诉决定后,往往没有在不起诉决定书中明确涉案财物的性质以及归属问题;不起诉决定书中关于涉案财物的处置方案较为笼统,不起诉决定书表述不清楚、不规范现象不在少数,如有的不起诉决定书表述为"查扣财物由扣押机关依法处理",有的甚至未对财产进行处理和说明,造成不起诉后在处理涉案财物时,哪些涉案财物可以适用查封、冻结手段,哪些涉案财物应当予以没收,哪些应当返还给被害人等,处置机关和部门对这些情况并不明晰,造成涉案财产处置上的困难和管理漏洞。

(三)不起诉后涉案财物处置程序机制缺乏

一是处置操作细则缺乏。当前,司法实务对于刑事诉讼涉案财物的处理,一直是大而化之,法律对于刑事诉讼涉案财物处置程序缺乏严格规制,司法实践中"重人身保护、轻财产权保护""强调定罪量刑的公正性、忽视财物处置的合法性"的现象十分突出。[①]《刑事诉讼法》对违法所得没收程序并没有细致化、可操作化的规定。不起诉后涉案财物处理程序烦琐、耗时长,且没有明确的期限规定,如何追缴和由谁追缴的职责没有一个明确的责任机关,不起诉决定书中的财产处置工作不能落到实处。从业务管理层面看,由于目前没有不起诉后涉案财物处置的详细工作规范,统一业务系统中亦没有配置不起诉后涉案财物处置的工作案卡和工作流程,造成不起诉后涉案财物处置工作的低效运行,严重损害案件办理的社会效果。

二是权利保障程序缺乏。不起诉后办案机关往往不能及时将涉案财物处置情况进行公开,有的仅是在当事人提出要求时才部分公开涉案财物的处置情况,导致涉案财物处置工作不透明,涉案财物所有人的知情权得不到有效保障。当事人对涉案财物处置情况不知情,不能充分享有处置情况的知情权,造成双方信息不畅,更容易造成当事人误解,进而损害司法公信力和司法权威。同时涉案财物所有人的权利申诉的救济渠道尚不完善,救济途径单一、救济的程序复杂也极大影响了涉案财物所有人的权利保障。

(四)不起诉后涉案财物处置保障体系不健全

一是涉案财物流转不畅。司法实践中,涉案财产处置存在低效化的现象。在不起诉案件的涉案财物管理工作中,公、检两家各有涉案财物管理中心,每一个办案机关都要指派专人和建设重复的财物保管场所,这意味着不断且重复地为保管财物消耗司法资源。[②]涉案财物随案流转影响处置效率,一般情况下,涉案财物是随案流转的,有的案件已经审结但是涉案财物处置滞后,有的案件卷宗已经移送检察机关,但是涉案财物没有及时移送,影响了办案效率。不同办案部门之间的多环节移送会大大增加涉案财物的灭失风险,存在较大安全隐患。公、检两家与财政部门缺少统一的信息化管理平台、统一的涉案

① 参见熊秋红:《刑事诉讼涉案财物处置程序检视》,载《人民检察》2015 年第 13 期。

② 参见曹云清:《涉案财务管理机制构建研究》,载《江西警察学院学报》2017 年第 6 期。

财物管理中心,管理效率受限,急需加强涉案财物的集中管理、信息化建设工作。

二是系统性处置机制不畅通。不起诉后涉案财物处置工作包括清产核资、资产追缴、申报核查、资产变现等工作,处置工作纷繁复杂,程序性、专业性要求较高,检察机关一家难以应对,这就需要组成一个政法、财税、工商、自然资源等多部门配合的办案组合。然而,目前不起诉后涉案财物处置工作仍然是封闭在司法领域内,对司法领域外的行为缺乏强制力,仅通过办案人员的单打独斗很难打破不同行业系统壁垒,导致不起诉后涉案财物处置工作效率较低,办案部门往往采取最简易而不是最完善的措施进行不起诉的涉案财物处置。

三、不起诉后涉案财物处置的制度完善

检察机关作出不起诉决定仅仅是终结了刑事追责程序,对被不起诉人其他法律责任的追究,以及相应的教育改造还需检察机关单独或与有关单位配合完成。[①] 不起诉后涉案财物处置工作需要通过加强工作引导、明确认定标准、完善处置程序、构建保障体系等举措加以解决。

(一)加强检察机关内部工作引导

一是强化认识提升处置自觉。不起诉后涉案财物处置仍是检察机关的一项重要工作。包括不起诉后涉案财物处置在内的"起诉替代措施"[②]的综合运用不仅可以提升教育矫治功能,扩大法治宣传效果,还能最大限度地促进社会综合治理,是新时代检察工作提升新境界和新水平的重要举措。检察机关应当提升办案人员对不起诉后涉案财物处置工作重要性的思想认识,充分认识规范处置不起诉后涉案财物是检察机关依法履行法律监督的重要内容,是拓展检察职能的重要抓手,以此激发办案人员对处置工作的积极性与主动性,推动不起诉后涉案财物处置工作有序开展。

二是多措并举提升处置能力。检察机关应当将证券、票据、结算、担保、国际金融、保险、信托、基金等与涉案财物处置相关知识纳入日常业务培训、竞赛范畴,亦可邀请相关行政主管机关、行业自律组织等专业机构、专业人员对办案人员进行专项培训。同时建立专业人才库,完善专家咨询论证制度。发挥典型案例指导作用,开展优秀不起诉后涉案财物案件评比、编纂优秀案例集、用好"检答网"等多举措实现不起诉涉案财物处置的专业化、规范化、精细化。

三是强化考核提升处置质效。建议将不起诉后涉案财物处置工作开展情况作为员额检察官绩效考核的重要依据,充分发挥考核"指挥棒"作用,将工作开展情况与检察官履职绩效考核挂钩,对不起诉后涉案财物处置工作的评价拓展到案件影响程度、制发违

---

① 参见童建明:《论不起诉权的合理适用》,载《中国刑事法杂志》2019 年第 4 期。

② 冯亚景、蔡杰:《公诉机关起诉替代措施研究》,载《中国刑事法杂志》2006 年第 1 期。

法所得类检察意见质量、采纳情况、社会效果等方面综合考评,以不断提高不起诉后涉案财物处置工作的质量和水平。

(二)明确涉案财物证明标准

一是完善立法。当刑事涉案财物证明标准设置的要求高且严厉时,对公民基本财产权侵害的可能性将会下降,但追缴违法所得效果将会减损,反之亦然。刑事涉案财物证明标准的设置成了"惩罚犯罪"与"保护人权"之间的一个重要平衡器。① 建议对刑事涉案财物证明标准问题通过顶层立法进行明确,以使涉案财物处理制度在刑事诉讼系统乃至整个法律系统中得以整体性思考。从理论分析角度来看,刑事涉案财物证明标准应当包括两部分:其一是存在犯罪事实这个前提条件,其二是违法所得与犯罪事实之间存在实质联系。为防止给检察机关带来额外负担,优势证据是一个较为合理的证明标准。具体地讲,我们可以根据刑事涉案财物的形成时间对涉案财物范围进行界定。对于混同财物的范围界定,可围绕涉案财物的来源和流向去认定涉案财物。同时还要明确"违法犯罪所得及其收益"的外延,适时通过立法完善"违法犯罪所得及其收益"的外延,以促进涉案财物的认定与处置工作有序开展。

二是侦查阶段做到细查明。侦查机关在对涉案财物进行审查时,应当查明每一件财物的来源、性质、价值、权属、用途、是否涉及案外第三人、证明的事实、扣押理由,对涉案财物采取查封、扣押、冻结等措施时要切实履行法律程序和完备法律文书,只有达到审查标准、确实与本案有关的财物,才可列入涉案财物范围。

三是处置阶段再查明。检察机关在不起诉后处理涉案财物时必须要严格查明涉案财物的性质以及归属问题,哪些是可以适用查封、冻结手段的,哪些是应当予以没收的。明确财物的所有权归属,针对不同的情况适用不同的处理程序,保障涉案财产所有人的权益。检察机关在作出不起诉决定时应当将处置措施的范围与涉案财物的范围进行一一对应,即对每一项财产处置措施作出具体数额的明确表述,并列明理由、依据。同时,还应当规范载明追缴退赔的执行主体、执行的对象、执行的数额、执行的方式,只有将如何追缴和由谁追缴的职责具体落实到一个明确的责任机关,才能确保不起诉决定书中的财产处置工作落到实处。

(三)完善涉案财物处置程序的监督与救济

一是注重法律监督。涉案财物处理的诉讼化程序设计是规范涉案财物处理程序的有效路径,主要是从以下三个方面着手:其一,重大案件开展公开听证。重大价值的涉案财物相关人可向做出决定的司法机关提出请求,申请公开听证程序,阐明理由,要求撤销或变更司法机关对该财物的强制。其二,建议在统一业务系统中增加不起诉后涉案财物

---

① 参见刘甜甜:《违法所得没收程序的性质及其证明标准的比较研究》,载《河北工业大学学报(社会科学版)》2018 年第 4 期。

处置工作板块，将不起诉后涉案财物处置等案卡项目设置为必填项，在作出不起诉决定后，通过必填案卡的形式主动提示检察官主动履职。其三，检察机关案件管理部门要积极主动地行使涉案财产处置的监督职权，依托统一业务应用系统，加强涉案财物科学化、常态化管理，确保不起诉后涉案财产能够合法、规范处置。

二是畅通救济渠道。对涉案财物处置工作，仅完善保障涉案财物处置程序是远远不够的，还必须进一步完善与这些涉案财物处置工作相关的救济问题。作为当事人的被不起诉人在事前和事中没有发表意见的机会，这与现代控辩式诉讼结构的基本理念无疑是背道而驰的。[①] 检察机关可以借助检务公开，开辟公众查询端口，公众通过该端口可对诉讼进程中涉案财物基本信息、保管场所、处置进度等进行查询，使利害关系人能及时地了解案件的进程或者相关财物的处理情况，这必定会增强检察机关处理不诉后涉案财产的廉洁性与高效性。建议增加"不起诉涉案财物处置权利义务告知书"模板，明确列明被不起诉人享有的解除查封、扣押、冻结、强制措施等权利及相应的救济途径。

（四）构建不起诉后涉案财产处置协同体系

一是将涉案财物处置纳入政法协同平台。完善政法协同平台设置涉案财物移转模块，实现涉案财物随案件流转，将"移交和接收"作为涉案财物处置权转移的界限，建立完备的责任流转机制。具体操作流程为：办案单位在将案件移送至检察机关的同时，需要将涉案财物信息在平台上进行移交；未移交的，视为仍在本单位的职权和责任范围之内，该单位必须在法定期间内依照法定程序对其进行及时处置。如果办案单位在信息平台办理了涉案财物的移交，且检察机关予以接收，则视为责任转移至检察环节，上一环节的办案单位将不再承担疏于或怠于处置的任何责任。需要注意的是，为了防止下一环节机关疏于或怠于接收上一环节机关移交的财物，可在平台系统上设置期限进行自动接收，一旦自动接收成功，同样发挥责任转移的效力。这样一种责任分配系统，不仅能完善现有的预警机制和责任追究机制，对后续的涉案财物处置工作改革来说，也同样是不可或缺的催化剂。

二是主动担当积极参与社会治理。检察机关要依托行政执法与刑事司法有效衔接机制，建立信息共享平台，与相关职能部门共同制定落实不起诉后涉案财物处置的工作细则，明确提出不起诉后涉案财物处置的范围、操作流程、处置期限，提升工作质效。接到涉案财物处置的检察意见后，没有正当理由不开展工作的人员、单位，向其所在单位、有关主管部门，纪检监察机关、人大及其常委会提出对其进行违法违纪审查，并根据审查结果决定是否作出惩戒处分或罢免的建议。加强同涉案财物处置单位和部门的事先沟通与跟踪回访，在与涉案财物处置单位和部门达成共识的基础上，提出切实有效的检察意见并促使涉案财物处置工作中存在的问题得到根本解决。

---

① 参见翁若男：《由相对不起诉制度引发的思考》，载《法治论坛》2018 年第 4 期。

认罪认罚案件适用暂缓起诉程序研究

韩彦霞*

摘要:认罪认罚从宽内涵暂缓起诉的法理基础,暂缓起诉是认罪认罚从宽功能实现的必要程序条件。通过对认罪认罚从宽制度中暂缓起诉的程序定位,明确暂缓起诉的标准,对暂缓起诉程序进行设计,配套构建暂缓起诉的包容机制。同时,明确"规范型"认罪认罚从宽的制度前提,引入审判权的适度约束,赋予被害人必要的救济权利,以此推动暂缓起诉程序的良性发展。

关键词:认罪认罚从宽　暂缓起诉　程序设计

认罪认罚从宽制度入法触发的宏观刑事诉讼结构变革,进而带来检察机关不起诉裁量权的复活,这使针对微观层面以暂缓起诉等程序机制的重新审视和构建似乎恰逢其时。故本文由认罪认罚从宽与暂缓起诉之制度与程序互为表里关系,来定位当前暂缓起诉程序所应承载的法治价值和功能,继而探求认罪认罚从宽制度域中的暂缓起诉程序。

一、认罪认罚从宽制度与暂缓起诉程序的辩证关系

(一)认罪认罚从宽内涵暂缓起诉的法理基础

首先,认罪认罚从宽是实体从宽与程序从宽的复合形式。认罪认罚从宽是刑事一体化思维的产物。其一,认罪认罚之后的从宽,直接体现为认罪认罚程序的从简。这种从简,主要是指"对认罪认罚的犯罪嫌疑人、被告人适用轻缓的强制措施,作出轻缓的程序性处理,或者适用更为便利的诉讼程序"。[①] 通过程序的简化,使认罪认罚的犯罪嫌疑人

---

* 韩彦霞,江苏省无锡市人民检察院法律政策研究室副主任。本文系江苏省第五期"333 高层次人才培养工程"科研资助项目"认罪认罚从宽制度适用研究"(课题编号:BRA2019155)、2020 年度最高人民检察院检察理论研究课题"认罪认罚案件适用暂缓起诉制度研究"(课题编号:GJ2020D26)阶段性研究成果。

① 王爱立主编:《中华人民共和国刑事诉讼法修改条文解读》,中国法制出版社 2018 年版,第 7 页。

获得程序利益。[①] 其二,本质上,认罪认罚制度中的从宽更侧重于实体意义的从宽。并且,认罪认罚制度的独立性,决定了其必然超越现有实体法中关于自首、坦白和其他酌定从宽量刑情节形成的实体从宽体系,在刑事诉讼结构、范式转换等制度变革的意义上实现刑罚目的与人权保障之间的平衡与统合。认罪认罚从宽中的检察官主导责任包含着强烈的程序主导到实体主导的演变倾向,替代程序的引入使刑事权力重心逐渐向检察官移转。如此认罪认罚从宽的复合制度形式,客观上产生了寻求一种兼具程序从宽与实体从宽的程序机制。而这种程序机制只能依法从检察的自由裁量权中探寻、创造。当前,检察权中的自由裁量主义的内涵已远超出酌定从宽量刑的现有法律规范框架内的检察裁量权。认罪认罚制度意义的自由裁量主义包括刑事诉讼中出罪、减轻罪责、终止程序以及其他强度相当的措施。[②] 由此,具有法律规范理据的、集程序从宽与实体从宽于一体的暂缓起诉,就当然成为认罪认罚从宽制度进行程序构建的首选。

其次,认罪认罚从宽的实质是检察审查权的扩张。《刑事诉讼法》第 173 条表明检察机关对于认罪认罚从宽制度的职权主导,检察机关的审查起诉环节是认罪认罚从宽制度的主要实施阶段。其中,检察机关对于程序适用的选择和量刑建议的有效等法律规范[③],本质是法律赋予检察机关更高层次的审查权,是检察审查权在质的层面的跃升。[④] 而这种在质的层面得以跃升的检察审查权反映在功能层面必然也是质变程度的。申言之,扩张的检察审查权只有在及时出罪或终止诉讼程序方面配置相当的权力,才能与法律赋予检察机关的更高层次的审查权之间形成匹配的制度关系。是故,早有学者强调了检察审查权的这种“权力能力”,指出“公诉权的概念演绎应当涵盖着‘一体两面’的意味。具体而言,享有这项权能并非指代检察机关只是如同‘二传手’一般将案件诉至法院,更表明了其具有通过案件情节的裁量而终止诉讼程序的能力。”[⑤]因此,当前在五种不起诉之外寻求足以支撑检察审查权实质跃升的不起诉权类型,是检察审查权扩张的制度必然。

最后,认罪认罚从宽与以审判为中心是共生关系。以审判为中心的诉讼制度改革,核心问题是抬高审判、庭审在刑事诉讼中的地位,其应有之义是强化庭审中的对抗,完善庭审程序。因此,以审判为中心是刑事诉讼效率价值让位于公正价值,是提高诉讼资源供给的一项制度。在刑事犯罪圈扩大、更多案件在刑法层面进行评价的刑事司法环境下,案多人少的矛盾也将更加突出,这与当前世界范围内整体的刑事司法取向相背离,也由此催生了刑事诉讼结构变革的普遍趋势。这种变革伴随着全世界范围内“去审判化”趋势的发展,即以美国的辩诉交易等以指控激励、量刑激励、事实激励、合作协议为主要

① 当然,这种程序的简化整体而言是有利于犯罪嫌疑人人权保障的程序缩减,进而达到程序上的从宽。

② 参见孙长永:《认罪认罚从宽制度的基本内涵》,载《中国法学》2019 年第 3 期。

③ 《刑事诉讼法》规定了对于检察机关的量刑建议法院以采纳为常态,不采纳为例外。

④ 审查逮捕和审查起诉都是审查权。

⑤ 李奋飞:《论检察机关的审前主导权》,载《法学评论》2018 年第 6 期。

形式的认罪案件处理机制。[①] 世界范围内刑事诉讼规律和趋势推动下,刑事案件处理机制重心前移,检察机关在刑事诉讼中的地位、功能和角色发生转变,这也构成了刑事诉讼结构变革的主要方面。由此可见,认罪认罚从宽与以审判为中心是一个硬币的两面。只有认罪认罚从宽有实质制度的支撑,进而使少数案件进入审判程序,才能为以审判为中心的诉讼制度改革提供条件。简者更简是繁者更繁的充要条件,也是刑事诉讼结构性变革和刑事诉讼范式转换的重要特征。两项制度在刑事案件简者越简和繁者越繁的格局形成中形成一种共生关系,这种共生关系决定了认罪认罚从宽程序的配置以满足案件分化的均衡为必要。也正是从这个角度,有学者提出"认罪认罚从宽程序可以纳入轻罪诉讼体系中予以建构。"[②]

(二)暂缓起诉是认罪认罚从宽功能实现的必要程序条件

首先,暂缓起诉是程序实质从宽的主要形式。程序从宽,绝不应以犯罪嫌疑人让渡诉讼权利来换取程序上的从简、从快。因此,刑事速裁程序、刑事简易程序并不能称为实质上的程序从宽。正如有观点指出,"程序的分流与简化主要应归功于简易与速裁程序本身的作用,与认罪认罚并无直接的关联性,但认罪认罚从宽制度却规定了较其他从宽制度更'宽'的从宽范围与幅度。"[③]"'认罪简化审'与认罪认罚从宽制度及其诉讼特质不能等同。"[④]此外,速裁程序也不构成审前意义的程序转处。所谓程序从宽,一定是在权利义务对等情形下的程序利益的获得。换言之,程序利益的获得不能以牺牲程序权利为前提,这种做法违反了刑事诉讼中程序正当的根本原理。而倘若实现实质意义的程序从宽,就需要程序利益的获得在权利、义务对等的情形下达成,如果有权利的让渡,就要有义务的减免。对于轻罪案件,义务的减免就是在起诉与不起诉的临界点之下,进行不起诉强度的程序构建。对于符合认罪认罚从宽的轻罪案件,暂缓起诉是程序实质从宽的主要形式。

其次,暂缓起诉对实体法缺席在功能上进行填补。认罪认罚从宽制度本身包含刑事实体法层面的观照,暂缓起诉可以弥补实体法没有从宽情节的制度不足。在某种意义上,认罪认罚从宽可以理解为量刑从宽的法定情节。但当前《刑法》并未因为认罪认罚从宽制度的入法而及时修改,认罪认罚作为法定从宽的量刑情节的规定在刑法总则中也尚未体现。由此导致了一些刑期幅度内[⑤]的缓刑[⑥]或免予刑事处罚就失去了法律依据。如在司法实践中对于信用卡诈骗中的坦白、全额退赔行为与相关司法解释中的量刑规定之

---

① 参见熊秋红:《比较法视野下的认罪认罚从宽制度——兼论刑事诉讼"第四范式"》,载《比较法研究》2019 年第 5 期。

② 樊崇义:《认罪认罚从宽协商程序的独立地位与保障机制》,载《国家检察官学院学报》2018 年第 1 期。

③ 郭烁:《层级性:认罪认罚制度的另一个侧面》,载《河南大学学报(社会科学版)》2018 年第 2 期。

④ 樊崇义:《认罪认罚从宽协商程序的独立地位与保障机制》,载《国家检察官学院学报》2018 年第 1 期。

⑤ 如最低刑在 3 年或者 5 年以上的量刑幅度。

⑥ 此处的缓刑不在刑罚执行方式意义使用。

间的冲突,反映到司法实践中通常是法律规范与司法裁判之间的差异。[①] 尽管认罪认罚从宽本质上包含实体从宽,但能否只是直接依据《刑事诉讼法》第 15 条的规定进行实体从宽尚不能形成定论。因此,在《刑法》中关于从宽的规定缺失的情形下,将暂缓起诉形式嫁接于认罪认罚从宽,可以保留起诉权的方式对冲实体法量刑无法降格的法律适用困境,[②]在刑事实体法不做修改的期间内,仍然可以在诉讼法层面寻求依法实现认罪认罚从宽制度目标的有效方式。

最后,暂缓起诉对程序从宽与实体从宽形成统合。暂缓起诉程序与认罪认罚从宽制度程序从宽与实体从宽有机统一的本质高度契合。暂缓起诉首先以不起诉的方式对刑事诉讼程序进行中止,并在所附条件满足的前提下,不再以刑罚的方式对犯罪行为进行评价。暂缓起诉在程序与实体层面同时满足了认罪认罚从宽的制度内在需求,因此成为补足认罪认罚制度实施程序缺失的首选项。并且,基于程序与实体形成的统合,暂缓起诉的制度优势也显而易见。从刑事程序发展趋势来看,酌定不起诉中要求犯罪嫌疑人对相关义务的履行,已具备了暂缓起诉的雏形;从法律实施情况来看,未成年人附条件不起诉与酌定不起诉逻辑关系和适用边界的含混导致司法实践中适用竞合的难题;从立法技术来看,审查起诉阶段的暂缓起诉与审判阶段的缓刑具有相当程度的内在一致,刑事案件评价重心前移的情况下,在检察环节嵌入与缓刑同质的程序机制具有技术上的必要;从立法可能性来看,2012 年《刑事诉讼法》修改在规定附条件不起诉适用于未成年人时,亦为该制度扩大适用于成年人留下了制度可能;[③]从世界范围刑事程序的普遍选择来看,不起诉成为案件审前分流的最为主要方式。

二、认罪认罚从宽制度中暂缓起诉的程序定位

(一)暂缓起诉与酌定不起诉的关系

首先,暂缓起诉与酌定不起诉同属于相对不起诉。我国《刑事诉讼法》确立的五种不起诉类型中,附条件不起诉与酌定不起诉同属于相对不起诉类型,是检察裁量权在审查起诉环节的应用。现有法律中,酌定不起诉适用于“犯罪情节轻微”的微罪案件,附条件不起诉则适用于特定类型犯罪可能判处一年有期徒刑以下刑罚的未成年人案件,整体仍然定位于微罪案件的范围。结合附条件不起诉扩大适用于成年人的司法实验和立法为其保留的入法可能,酌定不起诉、未成年人附条件不起诉、附条件不起诉的扩大适用分别对应绝对轻罪案件、相对微罪案件和轻罪案件。

---

① 参见周光权:《论刑法与认罪认罚从宽制度的衔接》,载《清华法学》2019 年第 3 期。

② 无论是《关于在部分地区开展刑事案件认罪认罚从宽制度试点工作的办法》还是《关于适用认罪认罚从宽制度的指导意见》均尚未将认罪认罚从宽作为独立的减轻情节,要求在法定量刑幅度以内量刑,其本质上更作为实体法意义的从宽。

③ 参见王尚新:《关于刑事诉讼法修改有关情况的介绍》,载《预防青少年犯罪研究》2012 年第 5 期。

其次，暂缓起诉是酌定不起诉在特定制度中的发展。不起诉权的配置强度取决于特定时期刑事诉讼运行规律与不同诉讼结构下特定制度的运行需要。1979 年《刑事诉讼法》赋予检察机关的免予起诉权，因其后在职务犯罪中被滥用，而在 1996 年修法时以酌定不起诉取代。随着全世界范围内起诉便宜主义的兴起，以及刑事诉讼范式的转换，我们需要站在更加广阔的视角重新审视检察机关的不起诉权。检察机关的不起诉权必须回归到检察机关起诉裁量主义的意义上进行评价。随着认罪认罚从宽等制度的合法化，原有诉讼制度体系已无法完全对其进行统摄，必须打开原有诉讼制度体系的开放端口，从关联制度中发展出新的程序机制。暂缓起诉在当前刑事司法语境下即承担着这种程序使命，其作为酌定不起诉在特定制度中的发展，必然成为认罪认罚从宽程序体系中的必要选项。

最后，暂缓起诉与酌定不起诉具有功能区分。暂缓起诉与酌定不起诉作为检察起诉裁量主义在刑事诉讼程序体系中的梯次性体现，其各自有着相对独立的制度功能。一方面，酌定不起诉主要分担微罪领域的刑事诉讼程序的终结功能，暂缓起诉则着眼于轻罪体系起诉权的暂时中止。轻罪体系即可能判处三年以下有期徒刑、管制、缓刑及单处附加刑的犯罪。另一方面，酌定不起诉因其对“犯罪情节”考量的单一性、意见交涉的单方性和程序终结的一次性而适用范围极其有限。而暂缓起诉恰恰在上述方面与酌定不起诉形成功能上的补足。当然，尽管暂缓起诉之于酌定不起诉具有程序优势，然而并不因此减损酌定不起诉的独立程序价值。两种起诉裁量权在各自领域发挥功能，二者是渐近而非排斥关系。

（二）暂缓起诉与缓刑的关系

首先，暂缓起诉与缓刑具有同质性。暂缓起诉与缓刑同为有条件的程序暂缓启动，以及在条件成就时刑事诉讼程序的终止。暂缓起诉与缓刑两种程序属于质的范围内的量变，这种量变主要体现在程序适用范围、阶段和主体的变化。置于整个法律体系之内，暂缓起诉与缓刑同属于广义的刑事缓刑制度。暂缓起诉与缓刑基于同向的法律价值，涵摄相似的制度元素。暂缓起诉与缓刑同属于统筹程序与实体层面的程序方式，本质上并非单纯分属程序法抑或实体法。暂缓起诉与缓刑所具有的同质性，为暂缓起诉作为缓刑在检察审查起诉阶段的替代性程序提供了制度可能。

其次，暂缓起诉替代缓刑具有实践优势。审判阶段的缓刑在检察审查起诉阶段以暂缓起诉的方式适用。一方面，因其法律内在特性所决定，可以避免案件通过潜规则分流；另一方面，将程序提前至检察审查起诉阶段中止更加有利于提高刑事诉讼的效率目标，有利于刑罚目的的真正实现。暂缓起诉之于缓刑的实践优势，是暂缓起诉依托认罪认罚从宽制度，吸收了认罪认罚从宽制度价值和制度载体之精髓后的体现，需要认罪认罚从宽的“制度机遇”与“相互成就”。

最后，暂缓起诉较之缓刑更加体现控辩合意。认罪认罚从宽制度是具有协商性质、合作性质的司法制度,暂缓起诉程序选择适用过程中的控辩协商,贴合了认罪认罚从宽的协商司法、合作司法的特征。这种协商、合作性质的制度、程序的潜在价值较之缓刑在更加广泛的层面存在。如有学者即指出合作性司法产生的对刑事被害人的独特价值而与恢复性司法的共融共通,“认罪认罚从宽制度还涉及被害人权益保护方面的因素,而通常被害人保护制度以恢复性司法理念为基础,这就使合作性司法理念与恢复性司法理念具有了互通互融的空间。”①

三、认罪认罚从宽制度中暂缓起诉的具体向度

(一)暂缓起诉的实施跟进

首先,暂缓起诉的设计。具体的程序设计中,第一,暂缓起诉不宜对罪名进行限定。第二,三年是我国刑罚体系中轻罪和重罪的分界点,作为轻罪体系的程序构建,暂缓起诉适用的刑罚建议为可能判处三年有期徒刑以下刑罚的犯罪。第三,将可能判处缓刑的案件纳入暂缓起诉范围。② 第四,修改未成年人附条件不起诉的规定,理顺既有规范中未成年人不起诉与酌定不起诉之间的含混关系。建议未成年人附条件不起诉被暂缓起诉程序吸收。第五,酌定不起诉适用于微罪,暂缓起诉的适用包括又不限于微罪,所以,暂缓起诉与酌定不起诉的适用存在竞合时,以是否需要有条件的不起诉作为标准。

其次,暂缓起诉标准的把握。在满足认罪认罚从宽及刑罚、所附条件的前提下,也只是可以作出暂缓起诉决定。那么检察机关如何在起诉与不起诉之间做出最终决定,还有赖于对整体刑事政策的解读和法律条文的理解。法律条文中的“可以”,对其中性地理解是可以作出;而可以不作出,而从立法技术的角度,“可以”的表述是带有倾向性的,即以可以为常态,以不可以为例外。但是可以作出应具有一定的标准,尤其是体现实体规定的刚性。其一,侧重于预防刑的应用,建议与案件中存在的坦白、自首与承认指控的犯罪事实三种实体中从宽情形③的对应相明确,以消解暂缓起诉适用中的裁量权空间过大。其二,为消弭认罪的内心真实性,以合并主义的刑罚目的对暂缓起诉的适用进行限制,建议对累犯、惯犯、职业犯或者再犯等人身危险性高的主体,不适用暂缓起诉。其三,所附条件应与责任刑相匹配,坚持责任的两面性,所附条件具有准刑罚的性质,突出暂缓起诉的非刑罚惩罚性。此外,暂缓起诉本身具有提高司法效率和降低犯罪标签效应的负面影响等积极功能。那么,就要重点关注例外的情形。对此,域外国家主要考量公共利益标准,最高人民检察院发布的《人民检察院办理不起诉案件质量标准(试行)》中关于不适用酌定不起诉的情形,主要体现的是公共利益因素。

---

① 赵恒:《“认罪认罚从宽”内涵再辨析》,载《法学评论》2019 年第 4 期。
② 参见何挺:《附条件不起诉适用对象的争议问题:基于观察发现的理论反思》,载《当代法学》2019 年第 1 期。
③ 参见周光权:《论刑法与认罪认罚从宽制度的衔接》,载《清华法学》2019 年第 3 期。

最后,配套构建暂缓起诉的包容机制。长期以来检察机关对于不起诉、无罪判决等否定性指标心存抵触,一些否定性指标带来的内部绩效的负面考评机制延续至今。检察机关内部对于暂缓起诉程序适用过程中的严格审批程序,极大限制了检察机关不起诉裁量权的运行。在全面实行司法责任制的检察管理体系语境下,不起诉裁量权被滥用的风险应诉诸司法责任制的功能体系,而不应通过审批制的行政方式进行规范。应赋予检察官暂缓起诉的独立决定权,对符合法律规范的暂缓起诉案件排除负面评价,力戒利益导向与程序烦琐之下的公诉权的机械性运行。

(二)暂缓起诉的良性发展

首先,明确"规范型"认罪认罚从宽的制度前提。认罪认罚从宽制度属于"规范型"协商程序。暂缓起诉程序机制的设计,需要对其至于之中的认罪认罚从宽制度进行考量。暂缓起诉的适用范围、条件、标准等具体程序向度,均取决于认罪认罚从宽的制度定位和价值取向。我国认罪认罚从宽从属于世界范围的检察起诉裁量权或案件繁简分流机制的范畴,但其又与一些国家和地区的相关制度存在根本不同。根据《刑事诉讼法》第173条相关规定,我国认罪认罚中认罪、量刑的协商性较低,充其量只是达到"讨论"[①]的程度。这种协商仍居于"两个基本"的立场,"充分考虑实体法、程序法和证据法相关规定之间的内在联系以及'认罪''认罚''从宽'之间的逻辑关系。"[②]所以,我国的认罪认罚从宽制度理应遵循"规范型"协商程序的内涵,延续"规范型"协商程序的精神,将规范的特质贯穿于具体机制的布陈之中。

其次,引入审判权的适度约束。暂缓起诉作为在审前由检察机关主导的程序,客观上带来了不起诉裁量权滥用的风险。刑事诉讼范式转换间存在前一范式发育不足与后一范式普遍推进产生的问题叠加的可能,隐藏着更大的背离公正的潜在风险。因此,宜同样遵循刑事诉讼程序制约递增关系下的法院保留原则,在层控模式中以审判权形成对检察主导的适度制约。具体而言,检察机关作出的暂缓起诉可以考虑采取法院事前审查制度或者不起诉决定作出后向法院备案制度。

最后,赋予被害人必要的救济权利。暂缓起诉属于检察裁量权的范畴,其决定的作出不以被害人同意为前提,但在决定作出后应赋予被害人形式救济的权利。暂缓起诉的决定应加强被害人的有效参与,以与检察机关的不起诉裁量权形成程序运行中的张力。鉴于配套酌定不起诉设置的公诉转自诉在实践中的效果式微,可强化法院对于公诉转自诉案件中检察机关不起诉合法性的审查。还可参鉴德国立法例,被害人向法院起诉时要

---

① 熊秋红:《比较法视野下的认罪认罚从宽制度——兼论刑事诉讼"第四范式"》,载《比较法研究》2019年第5期。

② 孙长永:《认罪认罚从宽制度的基本内涵》,载《中国法学》2019年第3期。

求附有律师参与的材料,只有经过律师的专业意见才符合自诉条件。此外,也不能过于考虑被害人的当事人地位而有碍犯罪嫌疑人公正对待的过犹不及,甚至要防止主要以对被害人的赔偿数额作为评价犯罪嫌疑人认罪程度等做法。

社会治理与检察自觉：基于认罪认罚从宽制度正确有效适用的若干思考

李业青*

摘要：检察机关在认罪认罚从宽制度中发挥着重要的主导作用，正确有效适用这一制度，检察机关应有自己的担当和思考。立足于社会治理与司法协同的角度，检察机关要准确适用认罪认罚从宽制度，应尽量避免降低标准、一味从宽、只求结案等不利倾向，重新把握"认罪""认罚""从宽"三项指标的实际内涵，并厘清该制度在司法实践中存在的法律适用、人权保障、值班律师等细节问题，进而对制度适用的发展趋势有所认知，以体现推进"中国之治"应有的检察自觉。

关键词：认罪认罚从宽制度　社会治理　检察自觉

认罪认罚从宽制度是我国长期司法实践形成、发展、完善的产物，并最终成为刑事诉讼中的一项基本原则，[①]这对于检察机关参与社会治理具有深远的战略意义与实践价值。2019 年 7 月，张军检察长在全国大检察官研讨班上曾提出："要切实履行检察官在刑事诉讼中的主导责任。"检察机关正确有效适用这项制度，既要充分发挥自身的检察权优势，主动担当，有所作为；更要与审判、侦查、司法行政等部门以及当事方、律师充分协商配合，正向发力，以构建高质量的社会治理共同体。

一、检察机关主导认罪认罚从宽制度适用的基本遵循

"认罪""认罚""从宽"三项指标的认定和考量，不仅要以案件事实为基础，还涉及不

---

* 李业青，江苏省南京市江北新区人民检察院第一检察部员额检察官。

① 对认罪认罚的犯罪分子从宽处罚这项司法政策和实践做法，在新民主主义革命时期就已经出现并在实践中受到重视和应用。它从政策宣示到法律规定，从实体法从轻开始到程序法从简完成，经过了七十多年漫长的历程，走出了一条有中国特色的司法改革之路，最后形成认罪认罚从宽制度。参见胡云腾：《完善认罪认罚从宽制度改革的几个问题》，载《中国法律评论》2020 年第 3 期。

同司法机关、不同当事人主体的认识差异,把握不当,可能不仅没有起到应有作用,还会变成侵犯当事人合法权益的“蛮横司法”。[①] 不解决思想认识上的误区,就可能导致行动方向的偏差。因此,检察机关正确有效适用认罪认罚从宽制度,应遵循司法规律,保持制度适用的稳定与司法协同的衡平相统一。

(一)避免三个错误倾向

1. 降低标准。适用认罪认罚从宽,绝不是以降低诉讼证据标准、省略刑事办案程序体现简单的从快、从宽,而是始终坚持案件全方位审查、全流程办理,坚持证据裁判原则,秉持客观公正立场,准确把握是否从宽以及从宽幅度,使行为人获得程序公正的人权保障,做到该宽则宽、当严则严、宽严相济、罚当其罪,体现检察工作的严肃规范。

2. 一味从宽。适用认罪认罚从宽,绝不是以“认罪认罚”换取“从宽”的简单的讨价还价。只有将每一次办案都作为一次深刻的普法教育,通过开展教育转化工作,促使行为人真诚认罪悔罪,以给行为人出路、生路、活路的方式凸显检察机关办理认罪认罚案件的力度、深度、温度,最终化解社会矛盾,体现检察机关的责任担当。

3. 只求结案。适用认罪认罚从宽,绝不是以“速度案结”之后的简单“草草了事”。检察机关应说服律师理解认同,关注被害方的权益保障,争取法院判决支持,并加强与司法行政部门沟通协调,做好社区矫正、刑满释放等人员的跟踪管控,确保认罪认罚办案成效,体现检察制度的治理效能。

(二)从严把握三个标准

犯罪事实清楚,证据确实、充分是刑事案件提起公诉的基本要求。检察机关办理认罪认罚从宽案件,不仅仅要符合起诉标准,更应从以下三个层面细细把握。

1. 犯罪嫌疑人自愿认罪服法。犯罪嫌疑人认罪认罚的自愿性和具结书内容的真实性、合法性,是认罪认罚从宽制度的根基,也是法院判决“一般应当采纳人民检察院指控的罪名和量刑建议”的必要前提。[②] 可以说,自愿认罪服法是对犯罪嫌疑人从宽的必要条件,而非充分条件。因此,检察机关加强对认罪认罚自愿性和合法性的审查工作就尤为重要。[③]

2. 当事方权益得以合理保障。加强量刑控辩协商与依法保障当事方权益是相辅相成的两个方面,缺一不可。认罪认罚案件的时效性要求以及检察机关“案—件比”的内部考核机制,必然导致大部分案件加快起诉节奏。因此,引导侦查机关提前开展认罪认罚

---

① 蓝向东、王然:《认罪认罚从宽制度中权利保障机制的构建》,载《人民检察》2018 年第 3 期。

② 参见朱孝清:《认罪认罚从宽制度对检察机关和检察制度的影响》,载《检察日报》2019 年 5 月 28 日,第 3 版。

③ 2020 年 12 月 1 日,最高人民检察院发布的《关于认真学习贯彻十三届全国人大常委会第二十二次会议对〈最高人民检察院关于人民检察院适用认罪认罚从宽制度情况的报告〉的审议意见的通知》规定,对侦查阶段认罪认罚的,要注重审查是否存在暴力、威胁、引诱等违法情形,犯罪嫌疑人认罪认罚时的认知能力和精神状态是否正常,犯罪嫌疑人是否理解认罪认罚的性质和可能导致的法律后果等方面内容,防止违背意愿认罪认罚情形发生。

工作,及时通知、切实保障律师为犯罪嫌疑人提供全诉讼阶段的有效法律帮助,开诚布公地充分开展量刑协商,是保证案件良性运转、落实认罚从宽的必经环节。同时,积极引导被害方根据案件的事实、证据、法律规定和司法实践,提出合理的赔偿诉求,最终实现修复社会关系的目的。

3. 法院依法采纳量刑建议。虽然我国《刑事诉讼法》及配套文件规定,一般情况下检察机关提出的量刑建议将是最终的量刑,但并不意味着量刑建议可以取代法院的庭审裁判。尊重法院的裁判权威,是以审判为中心的关键体现。因此,检察机关提出精准量刑建议的前提在于虚心学习、主动沟通、加强说理,以争取法官的判决认同。目前来看,量刑建议规范化将是一个需要法、检长期磨合的过程。

二、适用认罪认罚从宽制度需妥善厘清的两个问题

认罪认罚从宽制度是宽严相济刑事政策落实到司法制度层面的一次有益探索。推动这项工作的落地见效,检察机关要厘清细节,便宜应对。

(一)客观准确理解和适用法律

这个问题虽是老生常谈,然而对于检察机关则时谈时新。检察机关的制度定位,要求检察官必须秉持客观公正的立场,严格适用法律;但适用法律的过程,也是检察官对法律字面意思解构再认知的过程;即便为更好地适用法律而制定了统一权威的解释,解释的适用仍离不开检察官的个人因素;而每个检察官如何援引以及检察官个人对每个案件的解释理解,因为不同的思维方式和价值判断,是一件带有主观性的事情,也很难完全一致;更何况,法律相对于时代的发展,总是滞后的,虽然法律的真实含义自然会随着社会发展而变化,不应该也不可能墨守立法原意。正因如此,检察官对所适用法律的理解更应当持平公允。

就案办案,尽管是依法就案办案,仍不免落于本本主义的窠臼,对于熟悉而陌生的认罪认罚从宽制度更是如此。[①] 办案质效高不高、理论水平够不够、司法理念强不强,这应是新时代衡量检察人员的三个层进标准,其中更重要也最容易轻视的是,司法理念的跟进——能否遵从内心真实,能否反复说服自我,能否经得起他者诘问。或者,至少站在律师的视角独立思考和判断。努力让民众在每一个司法案件中感受到公平正义,这应是每一个检察人的使命。历史不止一次地告诉我们,令民众满意的公平正义,才是公平正义。

(二)恰当平衡控、辩、审三方关系

1. 落实当事方的人权保障。随着物质文化生活水平的不断提高,民众的权利意识逐

---

① 《刑事诉讼法》第172条的规定,"犯罪嫌疑人认罪认罚,符合速裁程序适用条件的,应当在十日以内作出决定,对可能判处的有期徒刑超过一年的,可以延长至十五日。"实践中大量存在"严格"适用该条规定的情形,即一律从受案之日起算速裁案件办案期限,而全然没有注意到"犯罪嫌疑人认罪认罚""符合速裁程序适用条件"这两个前提条件,而机械套用《刑事诉讼法》关于法院办理速裁案件期限的规定。

渐形成,参与社会事务的积极性持续增强,对民主、法治、公平、正义、安全、环境等方面的需求也日益高涨,这些都要求检察机关除了依法惩治犯罪,还要切实保障民众在国家治理体系中的主体意识和主体地位。这也是新时代检察机关参与社会治理的内在要求。

尊重和保障人权,最大限度地修复社会关系,是认罪认罚从宽制度着力解决的问题。办案不能先入为主,不应凉薄无情,更不是积累仇恨。从某种意义上说,检察官办案与医生治病十分类似,应该亲历和共情。尊重当事人对于法律的朴素理解和内心感受,主动释法说理;在必要的时候,保持沉默,懂得倾听,并为其留足自我选择的时间;同时,留意关注案件背后的社会现象和民生问题,让检察官回归人性,并接受民众监督。这也与认罪认罚从宽制度的流程设计暗暗契合,其中散发着平等、尊重、协商的意味,实际上也体现了无罪推定的刑事诉讼原则。

2. 探索法律援助值班律师的公职化。为没有辩护人的犯罪嫌疑人、被告人提供法律帮助的值班律师,是认罪认罚从宽制度的一项重要配套措施。根据最高人民法院、最高人民检察院、公安部、国家安全部、司法部出台的《法律援助值班律师工作办法》①,一般由司法行政机关协调律师事务所指派值班律师,由法律援助机构按照规定支付值班律师法律帮助补贴。这种类似政府购买法律服务的工作机制,调动社会律师兼职参与法律帮助的积极性还不够,实践中也大多止步于形式上的见证、具结,而阅卷、会见、提出法律意见、庭审辩论等实体性动作并不多见。如何发挥值班律师的实质性帮助作用,巩固认罪认罚案件办理成效,亟须破题。

考虑到社会律师的职业特点,以保障完善其诉讼主体权利达到法律帮助的实际效益,短期来看并非良策。十八届四中全会通过的《中共中央关于全面推进依法治国若干重大问题的决定》中提到"构建社会律师、公职律师、公司律师等优势互补、结构合理的律师队伍",据此,司法部还发布了《公职律师管理办法》②。根据《公职律师管理办法》第 4 条"司法行政机关对公职律师业务活动进行监督、指导",以及《法律援助值班律师工作办法》第 5 条"值班律师工作由司法行政机关牵头组织实施"等相关规定,可以看出公职律师参与法律值班律师工作不存在制度衔接上的障碍。公职律师受所在单位指派参与法律值班律师工作,不仅体现为本职工作内容,更容易量化为工作绩效。因此,探索法律值班律师的公职化,对于协同推进认罪认罚从宽制度有效适用,长远而言不失为较优路径。当然,各地还要根据实际情况,结合现有资源有序推进。

3. 着力服务于庭审实质化。我国《刑事诉讼法》确立认罪认罚从宽制度后,检察机关

---

① 2017 年 8 月,最高人民法院、最高人民检察院、公安部、国家安全部、司法部联合印发《关于开展法律援助值班律师工作的意见》,作为认罪认罚从宽制度改革试点的重要文件;后于 2020 年 8 月再次联合印发《法律援助值班律师工作办法》对值班律师工作职责、法律帮助工作程序、值班律师工作保障等方面进行了细化规定。

② 2018 年 12 月 13 日,司法部发布的《公职律师管理办法》详细规定了公职律师的任职条件和程序、职责、管理等内容。

对认罪认罚案件提出“精准化”的量刑建议也成为一般原则。这最大限度消除了量刑建议的不确定性,赋予了检察官对认罪认罚案件的“预审法官”地位。

表面上看,检察院的求刑权是在向法院的审判权“过度扩张”,但这种法院刑事裁判权的适当让渡,本质上体现了司法权的相互配合与制约。其价值在于,一方面体现对控辩双方合意的尊重,另一方面也是为了更充分地实现庭审实质化。司法资源是公共资源,必须精准匹配,不能平均用力。由于司法资源的有限性,试图追求所有案件的庭审实质化,既无可能,也无必要。认罪认罚从宽制度实为通过推动刑事案件的繁简分流,让认罪的人享有程序选择权,并可以认领一定的量刑从宽幅度,体现控辩双方的合意;不认罪或是有重大社会影响的案件,不宜适用认罪认罚从宽制度的,应给予当事人充分完整的诉讼程序,以审判为中心,保证程序公正,实现实体公正。还应看到,检察机关在办理认罪认罚案件过程中,主导并承担着绝大部分的程序性和事务性工作,这都为法院的庭审实质化起到了重要的保驾护航作用。而检察机关通过主导实践认罪认罚从宽制度,有力分担了法院作为公正最后防线的责任,体现了在刑事诉讼中的担当和作为。如此,法院通过审判为中心的压力传导机制,也有效发挥了对侦查起诉的制约引导作用。

三、认罪认罚从宽制度适用的一些展望

检察机关立足社会治理全局,着力更新司法理念,认真履行法定职责,主动加强与其他办案机关的协同配合,规范有序推进认罪认罚从宽制度落实,取得了明显成效。[①] 如何在适用认罪认罚从宽制度中发挥好主导作用,实现司法办案政治效果、社会效果和法律效果的有机统一,既是机遇,也是挑战。

(一)监督制约机制要内外有别

随着司法责任制的落实和认罪认罚从宽制度的施行,检察官自由裁量权加大,但对此要有清醒的认识。检察队伍是政治性极强的纪律部队,法律赋权是责任、权力与义务的统一。能否办好认罪认罚案件,关键在于检察人员的素能,尤其要有针对性地提升审查证据、适用法律、把握政策、量刑建议、释法说理、沟通协调、化解矛盾等方面的能力。不苛求“专家型”“明星型”“全能型”检察官,但也要避免检察人员的“形式化”“功利化”“官僚化”。检察人员要主动适应认罪认罚从宽制度依法全面适用带来的新要求、新挑战,提升素质能力,为制度深入适用提供支持。2020 年 5 月,最高人民检察院专门发布《人民检察院办理认罪认罚案件监督管理办法》,围绕认罪认罚案件质效考核,结合检察人员的勤廉作风,从严从实把关,完善了内部全流程监督管理体系,为检察官筑牢司法廉洁“防火墙”提供了有力保障。

---

① 2020 年 12 月 1 日,最高人民检察院发布的《关于认真学习贯彻十三届全国人大常委会第二十二次会议对〈最高人民检察院关于人民检察院适用认罪认罚从宽制度情况的报告〉的审议意见的通知》。

还应看到，人民法院、人民检察院和公安机关办理刑事案件分工负责，互相配合，互相制约，以保证准确有效地执行法律。这是我国《宪法》确立的一个基本原则。[①] 检察权对侦查权、审判权等公权力的法律监督，首先是基于我国宪法所体现的权力制衡架构的平行监督，监督主体与被监督主体的地位是平等的，意图单纯依赖制度上的地位、监督权力的优势，令被监督主体对检察机关心生敬畏，监督效果也只是差强人意。况且，监督也不是法治的目的。“法治的基础，正是在于沟通理性的建立，在于协商精神的成长。”[②]通过办理认罪认罚案件，检察机关可以进一步与其他国家机关形成良性、互动、积极的工作关系，同时督促公权力依法规范运行，这是检察机关参与社会治理应具备的政治智慧、法律智慧和检察智慧。

（二）协同性司法理念需持续释放

从引入检察机关提出量刑建议到认罪认罚从宽制度确立检察机关量刑规范化，[③]国家对法院、检察院之间的这种诉审权力配置，不能理解为一个简单的此消彼长的过程。通过一系列制度安排，使检察机关得以回归“法律监督”的宪法定位，进而有效引导公安机关规范侦查，扭转“侦查为中心”的诉讼模式，将刑事诉讼折射的社会矛盾集中通过庭审实质性解决，以推动“审判为中心”的诉讼制度改革，共同服务保障于国家治理体系和治理能力现代化这个大局。这也是协同性司法理念的长期价值。

另外，适用认罪认罚从宽制度要正确处理好司法公正与效率的关系。办理刑事案件，不是搞收入分配。认罪认罚从宽制度不仅着眼于提升诉讼效率、节约司法资源，更着重于化解社会矛盾、促进罪犯改造。[④] 检察机关要从侦查阶段开始提前布局监督，不能为适用认罪认罚而倚重于有罪供述，以致非法取证；也不能对释法说理、控辩协商敷衍了事、一诉了之；或是降低证据，无原则从宽，变相造成认罪认罚适用的低质低效。尽职不越位、帮忙不添乱，这也是协同性司法理念的深远意义所在。

（三）制度的深化完善仍在路上

落实认罪认罚从宽制度是一项系统工程，涉及司法理念和刑罚观念变革、司法资源优化配置，涉及侦查、批捕、起诉、审判各个环节，涉及公、检、法、司等多个部门。[⑤] 认罪认罚从宽制度全面实施两年来，整体上仍处于起步阶段，有关法律规范、配套措施、经验认

---

① 《宪法》第 141 条。

② 谢晖：《沟通理性与法治》，载《检察日报》2011 年 5 月 5 日。

③ 2010 年“两高三部”联合制定了《关于规范量刑程序若干问题的意见（试行）》，将量刑纳入法庭审理程序，检察机关提出量刑建议成为办理公诉案件的通常做法；2018 年刑事诉讼法引入认罪认罚从宽这一重要制度，进一步明确了量刑建议的法律依据和办案要求；2020 年 11 月，“两高三部”共同修改完善出台《关于规范量刑程序若干问题的意见》，写入认罪认罚案件量刑建议的规范要求。

④ 参见张军：《认罪认罚从宽：刑事司法与犯罪治理“中国方案”》，载《人民论坛》2020 年 10 月（下），总第 685 期。

⑤ 参见张军：《认罪认罚从宽：刑事司法与犯罪治理“中国方案”》，载《人民论坛》2020 年 10 月（下），总第 685 期。

识等方面还有不足之处。检察机关要自觉依托认罪认罚从宽制度,在法治轨道上推进国家治理体系和治理能力现代化,以具体司法实践助力制度完善深化,最终实现司法资源配置更趋合理、控辩双方地位更趋平等、化解社会矛盾更趋有力,以体现新时代检察机关的担当和作为。

认罪认罚案件确定刑量刑建议研究

江苏省沛县人民检察院课题组*

摘要：确定刑量刑建议在认罪认罚从宽案件中具有基础性地位，其与法院裁判权并不冲突。实践中，确定刑量刑建议工作面临着量刑指导意见不完善，与侦查、审判机关缺乏有效沟通，控辩双方协商不足，检察机关提出量刑建议能力有待提升等障碍因素，需从转变司法理念，修订完善量刑标准，加强沟通衔接，充分发挥大数据智能辅助系统作用，完善控辩协商机制等方面进一步发力。

关键词：认罪认罚从宽　确定刑量刑建议　精准化

在认罪认罚从宽制度中，控辩协商至关重要，其核心基础便是量刑。2019 年 10 月，最高人民法院、最高人民检察院、公安部、国家安全部、司法部发布《关于适用认罪认罚从宽制度的指导意见》（以下简称《指导意见》），其中第 33 条明确规定，人民检察院办理认罪认罚案件一般情况下应当提出确定刑量刑建议。① 这为检察机关在认罪认罚案件中探索确定刑量刑建议提供了明确的制度支撑。

一、认罪认罚案件量刑精准化的理论分析

（一）认罪认罚案件量刑精准化的必要性分析

认罪认罚从宽制度是 2018 年《刑事诉讼法》修改确定的一项重要诉讼制度，其意义不仅在于提高诉讼效率、节约司法资源，更在于有效钝化社会矛盾、促进社会和谐。通过

---

* 课题负责人：王琦，江苏省沛县人民检察院检察长；刘练军，东南大学法学院教授。课题组成员：许大勇，江苏省徐州市人民检察院第一检察部副主任；张博洋，江苏省徐州市人民检察院第一检察部检察官助理；张庆斌，江苏省沛县人民检察院第六检察部副主任。本文系 2020 年度江苏省人民检察院检察理论研究课题“认罪认罚案件确定刑量刑规范化研究”阶段性成果。

① 《关于适用认罪认罚从宽制度的指导意见》第 33 条规定，“办理认罪认罚案件，人民检察院一般应当提出确定刑的量刑建议。对新类型、不常见犯罪案件，量刑情节复杂的重罪案件等，也可以提出幅度刑量刑建议”。

认罪认罚从宽制度鼓励真正有罪的犯罪嫌疑人、被告人自愿认罪认罚,帮助司法机关及时查明案件事实,公正且有效地打击犯罪,推动简案快办、繁案精办,优化司法资源配置。同时认罪认罚从宽制度体现对犯罪嫌疑人、被告人权益的充分尊重,也利于彰显刑事追诉的人文关怀。[①] 认罪认罚从宽制度让犯罪嫌疑人、被告人在获得充分法律帮助的前提下自愿认罪认罚,从而获得从宽处理,大大减少羁押时间,缩短犯罪嫌疑人、被告人与社会隔绝的时间,最大限度地减少犯罪嫌疑人、被告人与社会的对立,有利于促进社会和谐。

但同时应注意,办理认罪认罚案件的重中之重就是量刑。从宽幅度过小,对犯罪嫌疑人、被告人可能起不到鼓励认罪认罚的作用,从宽幅度过大,又可能导致被害人不满。所以合理的确定量刑,提出恰当的量刑建议是办理认罪认罚案件的核心,也才能使认罪认罚从宽制度真正落实。实践中,办案检察官提出的量刑建议分为两类:确定刑量刑建议和幅度刑量刑建议。但在提出幅度刑量刑建议时,犯罪嫌疑人心理预期获得的刑罚是最低到中线之间的刑罚,一旦法院顶格判处刑罚,犯罪嫌疑人的心理预期落空,就会导致犯罪嫌疑人认罪认罚后又提出上诉。检察机关提出确定刑量刑建议能够降低诉讼的不确定性,鼓励犯罪嫌疑人自愿认罪认罚,提高诉讼效率,所以《指导意见》规定检察机关应当提出确定刑量刑建议,只有在特殊的几类犯罪中,才能提出幅度刑量刑建议。

(二)精准化量刑建议与法院量刑裁判权的关系分析

当前,检察机关提出的量刑建议趋于精准化,确定刑量刑建议占比逐步提高,并占量刑建议总数的绝大比例。但是在学界存在提出精准量刑建议是否侵犯法院裁判权的争论。

有观点认为,人民检察院提出精准型量刑建议,实际上代行了审判机关的刑罚裁量权,突破了人民检察院求刑权的范围。幅度型量刑建议更像'建议',而不至于异化为量刑要求或者量刑指令。[②] 该观点将确定刑量刑建议与法官的自由裁量权对立起来,认为检察机关提出确定刑量刑建议侵蚀了法官的自由裁量权,是审判权的让渡。

虽然从表面上看,检察机关提出确定刑量刑建议,可能使法院之前享有的量刑权受到一定程度的限制,但是确定刑量刑建议适用范围多是案情简单的案件,如盗窃、危险驾驶等,一般很难出现量刑畸轻畸重的情况,法院、检察机关对于案件处理已经形成了一套较为成熟的办案模式。如果检察机关提出的确定刑量刑建议确实在量刑上产生了严重偏差,法院有权不予采纳,量刑的最终决定权仍然把握在法院手中。法院办理认罪认罚案件时,均应秉持事实清楚、证据确实充分的标准,对于定罪、量刑问题进行全面审查,法院仍然是给被告人定罪、量刑的最终决定者。且检察机关作为控诉犯罪的一方,其所享有的求刑权中,不仅包括定罪求刑权,也包括量刑,而到底提出幅度刑还是确定刑量刑建

① 参见陈卫东:《认罪认罚从宽制度研究》,载《中国法学》2016年第2期。

② 参见臧德胜:《科学适用刑事诉讼幅度型量刑建议》,载《人民法院报》2019年8月29日,第2版。

议，理应由检察机关根据案情进行把握。

二、提出确定刑量刑建议面临的障碍因素

近年来量刑方法不断发展，从传统的“经验估堆式”到数学量刑方法、电脑量刑方法、基准点量刑方法，虽日渐精细、规范，但仍“难以在责任刑和预防刑、积极预防与消极预防以及刑罚个别化等刑罚基本观念之间取得完美平衡，量刑的终极、完美方法也许永远在路上。”①在这种背景下，检察机关提出合理准确且得到法官、辩护律师等认可的确定刑量刑建议，必然面临极大挑战。而通过对影响确定刑量刑建议提出的障碍因素的进一步探析，发现当前在认罪认罚从宽制度中推进确定刑量刑建议，面临的主要是量刑合理性及协商能力等技术上的挑战，具体表现在：

（一）现行量刑指导意见不完善

目前，以笔者所在徐州市检察机关为例，提出量刑建议时主要依据《指导意见》、《最高人民法院关于常见犯罪的量刑指导意见》（以下简称《量刑指导意见》）、《江苏省高级人民法院关于常见犯罪的量刑指导意见实施细则》、《江苏省高级人民法院关于办理认罪认罚刑事案件的指导意见》、《江苏省人民检察院认罪认罚刑事案件办案指引》等，多为法院系统量刑指导意见，检察系统尚未形成相应的量刑规定，而检察机关“办案指引”仅规定了适用认罪认罚时的从宽幅度，是内部规定，法院并不适用，这就导致与法院的量刑尺度不统一，一定程度上影响了法院对检察机关量刑建议的认可与采纳，制约了认罪认罚制度的全面贯彻执行。

同时，最高人民法院《量刑指导意见》仅对 15 种常见罪名的量刑标准作出了规定，对这之外的其他犯罪则缺乏量刑指导，相关的一些司法解释虽对部分罪名的量刑作出了规定，但不够系统，致使实践中出现这样一种情况：正因有相对明确的标准，检察机关的量刑建议，尤其是确定刑量刑建议适用的范围主要集中于规定的常见罪名，而 15 类犯罪之外的其他犯罪由于缺乏明确的标准，提出量刑建议的参考依据不足，确定刑量刑建议的提出率较低。另外，最高人民法院《量刑指导意见》中规定的量刑减少幅度针对的是被告人符合单一情况下的适用，对于复合情况如何适用缺乏明确规定。量刑情节本身内涵复杂，不易把握，当一个案件中有多种量刑情节并存时，如何确定各种量刑情节的幅度，如何确定各种量刑情节对基准刑的影响，往往只能依靠经验和个人认识，具有主观随意性，其直接后果就是可能导致相似案件却得出完全不一样的量刑结果。

（二）与侦查、审判机关缺乏有效沟通与衔接

长期以来，一方面，侦查机关倾向于收集对犯罪嫌疑人定罪的证据，而对于影响量刑的证据收集不够重视，一定程度上影响了检察机关量刑建议的提出。另一方面，与审判

---

① 李刚：《检察官视角下确定刑量刑建议实务问题探析》，载《中国刑事法杂志》2020 年第 1 期。

机关在量刑建议工作上的配合机制不健全，实践中，法检两院的认识常会有些分歧，审判机关在量刑幅度内不接受确定刑量刑建议，检察机关也无法因此抗诉。与此同时，如果检察机关提出确定刑量刑建议，而审判机关不予采纳，则会降低量刑采纳率，影响到所在院考评，从而降低检察官适用确定刑量刑建议的积极性。[①] 且由于缺乏有效的沟通调整机制，对于已经移诉至法院尚未开庭审理的认罪认罚案件，此时若出现退缴赃款、赔偿损失、取得谅解等影响量刑的新情况，检察机关往往无法及时掌握并对量刑建议作出修正，从而影响量刑建议的精准度、采纳率。

（三）与辩方沟通协商能力有待提高

“认罪认罚从宽制度的重要内容甚至是核心内容在于检察官与辩方协商确认量刑建议和适用的诉讼程序，其重点又在于确认量刑建议”，[②]在幅度刑量刑建议中，由于存在转圜余地，给控辩双方保持了适当的弹性，相对容易就量刑范围达成共识。但在确定刑量刑建议中，由于原本存在于控辩双方的弹性消失，且缺乏统一明确的量刑标准，除了少部分相对明确的罪名或情形，控辩双方协商确认具体、精确的量刑点显然是较为困难的。同时，控辩协商中，由于立场上的不同，辩方希望量刑从宽从轻，而控方则需综合考虑各种因素，在坚守原则底线前提下，提出合理从轻的量刑建议，这导致了控辩双方在量刑协商的过程中难以避免出现冲突。而在确定刑量刑建议精确化要求下，这种冲突无疑会被放大。实践中，尤其是在轻罪案件中，控辩双方在量刑上的差异很小，可能仅一个月，但双方都不愿再作让步，最终很可能因这一点分歧影响到认罪认罚从宽制度的适用。上述情况的存在，无疑对检察官量刑协商的能力、技巧和经验提出了更高的要求，而从目前工作实践来看，检察官量刑协商的能力还略显不足。

（四）检察机关提出确定刑量刑建议的能力有待提升

现阶段，检察机关量刑建议朝着幅度越来越小、实际意义与作用越来越突出的趋势发展。认罪认罚从宽制度实施前期，公诉人在量刑建议能力上的欠缺被幅度刑量刑建议所掩盖，而随着量刑建议精准化发展，《指导意见》中提出：“办理认罪认罚案件，人民检察院一般应当提出确定刑的量刑建议。”这对公诉人量刑能力提出更高要求，甚至使量刑建议工作发生了根本性变化。面对确定刑量刑建议，检察机关与公诉人显得明显“不适”，在量刑能力上的欠缺暴露无遗。这一方面，体现在公诉人对于量刑计算的熟练度和量刑把握的敏感度相对较低，对量刑规定的掌握不准，量刑实践的方法技能不足，提出的确定刑量刑建议的质量不高、采纳率有待提升。另一方面，则是表现在检察机关对提出确定刑量刑建议存在畏难情绪、底气不足，这种能力上的不自信，也很容易导致公诉人在案件办理实践中，出现与辩护人过度量刑协商、主动适应法官个人量刑倾向等问题，一定程度

---

① 参见臧德胜：《科学适用刑事诉讼幅度型量刑建议》，载《人民法院报》2019 年 8 月 29 日，第 2 版。

② 李刚：《检察官视角下确定刑量刑建议实务问题探析》，载《中国刑事法杂志》2020 年第 1 期。

上影响了检察主导作用的发挥。

三、推动认罪认罚案件确定刑量刑建议规范化的路径探析

(一)纵向机制完善:健全检察机关内部提出确定刑量刑建议相关机制

1. 修订完善明确、系统、有可操作性的量刑指导意见。最高人民法院、最高人民检察院应协同推进,逐步扩大和完善量刑指导意见中的罪名范围、统一量刑标准,为确定刑量刑建议打牢制度基础。另外,地方法、检机关也应结合地方实际细化量刑标准,制定量刑指导意见的实施细则,以促进量刑建议精准性、规范性,进而保障同类案件量刑的统一性。

2. 规范、优化量刑建议的提出。确定刑量刑建议应具体写明建议的量刑起点、基准刑与根据法定、酌定情节对基准刑的调节比例、计算公式等内容,将确定刑量刑建议的拟定过程整体呈现给法官。当法官认为量刑不当时,能够将确定刑量刑建议中计算不当的具体环节反馈至公诉人,以取得更好的沟通效果。

3. 完善控辩协商机制,有效发挥律师作用。一定程度上来说,幅度刑量刑建议是控辩双方协商不充分的结果,而确定刑量刑建议更符合犯罪嫌疑人对处罚结果的期待。检察机关要保障律师的权利,充分听取律师对于程序适用、量刑建议等方面的合理意见,促使控辩双方达成合意,确保量刑建议适当;而对于存在异议的部分,应向犯罪嫌疑人及其律师进行解释说明,争取获得其对确定刑量刑建议的认可。

4. 建立量刑建议适时调整机制。“人民法院在对检察机关量刑建议有不同意见时,既不适合直接不予采纳而依法裁判,也不适合罔顾分歧直接采纳量刑建议。”①这种背景下,建立量刑建议的调整机制显得尤为必要。检察机关根据法院在整个量刑过程中的作用,对量刑建议的调整可具体分为主动调整和被动调整。主动调整要求确有新的影响量刑的重要事实、情节出现,或发现之前所提出的量刑建议不当时,主动对建议的刑罚进行适当的调整;被动调整则要求在了解到法院对量刑合理的不同意见后,依据事实、法律对量刑建议作出调整。

(二)横向机制完善:建立健全量刑建议的综合协调机制

1. 加强与侦查机关的协调配合。可通过健全检察引导侦查量刑情节证据的取证机制,来督促侦查机关重视量刑证据的收集。另外,公、检两家需不定期地就量刑证据侦查中存在的类型化问题进行沟通,明确新类型案件量刑证据的取证范围及内容,统一同类型案件量刑证据的侦查标准,为检察机关精准提出确定刑量刑建议打好基础。

2. 建立法官不采纳量刑建议说理机制。承办法官在判决书中应完整引用人民检察院起诉书中表明的全部诉求,包括指控罪名、量刑建议等,并明确是否采纳,对不采纳量

---

① 闫召华:《论认罪认罚案件量刑建议的裁判制约力》,载《中国刑事法杂志》2020 年第 1 期。

刑建议的,应当根据法律及案件实际情况充分阐述裁判理由,以便于检察机关行使监督权,使检察机关量刑建议更具约束力,合理限制法官自由裁量权。

3. 建立对量刑建议的分析评判救济机制。检察机关应对量刑建议采纳情况进行大数据统计分析,及时发现问题,找准原因,提出注意事项,以有效促进量刑建议质量的提高。如果人民法院不采纳量刑建议的理由不成立,人民检察院可依法提出纠正意见,对符合抗诉条件的应依法抗诉,切实发挥量刑建议所具有的审判监督作用,并对此类情况和数据进行特定的记录采集。

(三)保障机制完善:多措并举,确保检察机关确定刑量刑建议质量

1. 提高检察官精准量刑能力和水平。一方面,应引导检察官转变司法理念,尽量提出确定刑量刑建议,给犯罪嫌疑人更精确的预期,同时也提高庭审效率,实现制度价值。另一方面,要多渠道全面提升检察官量刑建议精准化能力、量刑协商能力,加强对既往判例量刑情况的梳理、分析,及时总结量刑规律,确保类案量刑均衡。

2. 充分发挥大数据智能辅助系统的作用。目前的量刑辅助系统仅具有提出量刑建议的参考功能,可完善“检察机关统一业务应用系统”功能,以通过该系统对提出的确定刑量刑建议进行监督和规范,如对检察官填录的确定刑量刑建议,系统通过自动抓取信息,进行横向比对,对所提量刑建议的合理性给予评价,超出正常范围的则给予提示,要求检察官在系统内作进一步说明等。

3. 科学构建价值导向合理的业务考评机制。摒弃结果主义的评价标准,科学设置量刑建议工作考评机制,实现从结果评价到过程评价,形式评价到实质评价的转变。具体来说,应改变仅将量刑建议是否被采纳、是否写入判决、是否获得法官回应、是否提起抗诉等作为考核内容的现状,而重点考核量刑建议的依据是否科学、说理是否充分、形式选择是否合理、辩方参与权是否受到尊重等,以减轻唯结果论给检察官带来的心理负担,进一步推动确定刑量刑建议工作稳步推进,规范化开展。

检察机关服务保障民营企业健康发展的定位和路径探析

金庆华　陈　浩*

摘要：检察机关作为法律监督机关，依法履行检察权，开展诉讼监督和追诉犯罪工作，是刑事诉讼的主体和审前主导者。为贯彻落实中央、最高人民检察院关于"六稳""六保"要求，检察机关应当承担服务保障民营经济、优化营商环境的职责，坚持在办案中监督、在监督中办案，履行主导责任，通过打击犯罪、保障法益、强化预防，提升涉民企案件办理质效，在精准办案的基础上，积极参与社会治理，维护法律适用的统一性和权威性。

关键词：法律监督　涉民企案件　营商环境

一、关于检察机关在服务保障民营企业中的定位分析

涉民企案件往往具有案情重大、疑难复杂的特点，在案件定性、行为方式、社会关注度、涉案金额等方面有一定的特殊性，在事实认定和证据审查上具有更严格的要求。检察机关作为法律监督机关，应当严格依法履职，规范运行检察权，立足于打击犯罪、保障法益、强化预防。具体而言，一方面，立足检察职能，依法办理各类涉民企案件；另一方面，发挥检察职责，积极参与社会治理，从而优化营商环境，为民营企业健康发展提供法治保障。

（一）检察机关服务保障民营企业健康发展的理论依据分析

1. 检察机关国家法律监督机关的职责定位。检察机关是国家的法律监督机关，是以国家的名义履行职责，检察机关作为国家权力结构中的一环，本身为维护国家利益、社会公共利益而存在，承担着维护社会公共利益、国家利益的天然职责。因此，为党和国家中

---

* 金庆华，江苏省镇江市人民检察院第二检察部主任；陈浩，江苏省镇江市人民检察院第二检察部检察官助理。

心工作服务是检察机关国家性的必然要求。[①] 检察机关服务保障民营企业健康发展，是全面贯彻落实习近平总书记系列重要讲话以及中央、最高人民检察院关于“六稳”“六保”工作的要求，直接关系到当前民营经济高质量发展的成效。

2. 检察机关以司法办案服务大局的履职要求。检察权的本质属性是法律监督权。张军检察长在2020年全国检察长会议上明确指出：“服务保障民营经济发展绝不是简单的经济问题、法治问题，更是民生问题、政治问题！”检察机关在推进国家治理体系和治理能力现代化中肩负特殊职责，也是优化营商环境、服务企业发展的重要力量。[②] 检察机关服务保障民营经济健康发展的落脚点在于检察机关严格依照宪法和法律履行法律监督职能。具体而言，一是强化审前主导、过滤作用，通过引导侦查取证，全面客观审查运用证据，完善以证据为核心的刑事证明体系，避免非法证据进入审判环节。二是推动庭审实质化，有力指控犯罪，坚决打击侵犯民营企业以及民营企业自身的违法犯罪行为。三是延伸职能服务社会治理。检察机关通过刑事检察、民事检察、公益诉讼检察等方式对审判和执行活动、侦查活动、行政执法活动等进行监督，督促职能单位规范执法行为，促进严格执法、公正司法，为经济社会发展营造公平正义的法治营商环境。[③]

3. 检察机关平等保护的司法理念。平等保护理念要求检察机关坚守客观公正立场，切实做到对内资外资、国企民企及中小微企业等各类民事主体一视同仁、平等保护，依法保护企业正常生产经营活动。[④] 用法治思维和法治方式办理经济案件，有效把握非公企业的法律需求，全面准确适用法律，在司法活动中尊重和保障法益，为民营企业寻求法律咨询、预防咨询、司法救济等提供便捷高效的服务，确保民营企业等市场主体在适用法律和司法保护的平等地位。

（二）检察机关服务保障民营企业健康发展的司法实务探析

检察机关服务保障民营企业健康发展的履职工作，体现在办案中履行主导责任，审查案件事实和证据，准确定性，形成指控犯罪体系，做到“当轻则轻、该重则重、不偏不倚、不枉不纵”，依法保障法益；依托办案服务社会治理，通过形成专项报告、制发检察建议等方式推动营造良好的法治营商环境。具体可以从以下层面进行分析：

1. 依法办理侵害民营企业合法权益的案件。检察机关履行批捕、起诉职能，惩治各类侵犯民营企业合法权益、破坏营商环境的案件。一是重点打击破坏营商环境和经济秩序的涉众型经济犯罪。该类案件涉案金额大、集资参与人多、社会影响面广，容易引发群

---

① 参见王新、张志杰、王伟稿：《检察机关服务保障打好三大攻坚战的切入点和着力点》，载《人民检察》2018年第11期。

② 参见徐日丹：《办理涉民企案件要用好政治智慧法律智慧履职智慧》，载《检察日报》2020年1月23日，第4版。

③ 参见程曙明、林越坚、陈文雅：《检察机关参与社会治理的定位及路径思考》，载《人民检察》2017年第17期。

④ 参见史兆琨：《保障民营企业合法权益　发挥检察监督职能作用——最高人民检察院第一检察厅负责人就发布监督撤案典型案例答记者问》，载《检察日报》2020年10月30日，第2版。

众集聚事件和涉检网络舆情,该类案件的办理成效直接影响经济健康协调发展和金融秩序稳定。二是依法打击侵犯民营企业和经营者合法权益的案件。检察机关在扫黑除恶专项斗争中惩治黑恶势力以暴力、胁迫等方式强买强卖、强行向民营企业收取"保护费"等犯罪;依法办理相关人员利用职务便利侵占、挪用民营企业财产等犯罪。三是开展涉民营企业案件民事法律监督工作。依法办理虚假诉讼、涉企执行案件等案件监督力度,查实损害民营企业合法权益的诉讼监督线索。

2. 依法保障涉案民营企业合法权益。检察机关认真落实"依法平等保护市场各类主体"原则,把依法惩处与平等保护结合好,在办案中准确把握法律政策界限,保护民营企业和企业家合法权益。一是合理适用强制措施。对于主观恶性不大、积极退赃退赔、认罪认罚的民营企业经营者,切实做到慎捕、慎诉,将服务民营经济检察政策落到实处。对确有羁押必要的,要考虑维持企业生产经营需要,在对外联系生产经营决策等方面提供必要的便利和支持。二是行使起诉裁量权。既充分考量是否有证据证明犯罪事实,以保证办案质量,还要分析论证提起公诉是否符合公共利益,以保证办案效果。对犯罪情节轻微,具有法定从宽情节,作不起诉处理更加有利于企业生产经营、保障就业、社会稳定的,检察机关就应当优先考虑作出不起诉决定。三是精准把握量刑尺度。对于真诚悔罪、认罪认罚的民企经营者,检察机关可以依法提出从轻判处的量刑建议。对于侵犯民企合法权益,造成重大损失的被告人,检察机关可以依法在量刑幅度内提出相对从重的量刑建议。

3. 参与构建法治营商环境。积极服务民营经济健康发展是检察机关的重要工作任务,从最高人民检察院到地方检察机关均进行了有益探索,如江苏省人民检察院出台《关于服务保障民营企业健康发展的若干意见》。一是参与完善社会治理。检察机关结合办案向社会治理延伸拓展,围绕涉民企犯罪滋生蔓延根源性问题、社会治理突出问题,加强分析研判、用好检察建议,为党委政府提供法治参考。二是促进企业治理完善。检察机关结合案件办理,对民营企业在内部管理方面存在的问题和漏洞,及时提出检察建议,帮助企业建章立制、堵塞漏洞。检察机关就金融、知识产权、逃废债等领域的公共管理问题,加强类案研究,向党委和政府相关职能部门提交风险研判报告,促进出台服务民营企业发展的政策制度。三是结合涉企案例开展释法说理。检察机关适时发布侵犯民营企业及从业人员合法权益的违法犯罪典型案例,结合涉民企典型案件,探索发案规律,提示民营企业运营过程中的法律风险点,集中开展涉企法律知识和涉企犯罪预防讲座,帮助企业建章立制,完善内部监督和管理机制,提高经营管理水平。

二、当前检察机关服务保障民营企业工作的问题分析

检察机关作为国家的法律监督机关,作为依法治国的重要力量,应当优化司法服务,保障民营企业的生存权、发展权,为民营经济健康发展营造良好的法治环境,为民营经济

健康发展提供高质量的检察产品。[①] 随着法律对民营企业合法权益保护的重视，行政执法和司法办案的理念也在逐步改进，民营经济的法律地位得到确认，制约民营企业发展的法律障碍逐步消除。但长期受传统观念和社会环境实践的影响，当前普遍存在对民营经济发展认识不足、重视不够的问题，执法、司法机关在履行职务过程中也在一定程度上存在认识上的误区，针对民营企业出台的保护政策和措施相对较少，平等保护理念尚未完全树立。另外，民营企业本身也存在法制观念淡薄、违法经营等问题，公平竞争的营商环境尚未形成。在上述条件的限制下，检察机关履行职务过程中在司法理念、办案机制和职责担当上，仍有需要改进之处。

(一)检察机关在服务保障民营企业中的履职理念有待转变

部分办案人员受“就案办案”传统理念和片面工作思路的影响，在办理涉民企案件和服务社会治理过程中，没有完全发挥刑事诉讼主体和审前主导者的作用，法律监督工作成效不够明显。

1. 对自身角色定位不准。部分办案人员把职责定位于追诉犯罪和法律监督，认为只要能把案诉的出、判的了，不出错就可以了。对案件背后深层次的案发原因、监管因素和环境氛围等社会治理层面的问题考虑不深，在开展类案分析、专项调研，帮助企业防范化解风险、为党委政府充当法治参谋等方面的工作还有待强化，导致检察贡献度不足。

2. 司法办案理念相对滞后。主要体现在“机械办案”理念根深蒂固，脱离案件的案发背景和社会影响，仅仅关注犯罪构成要件，决定是否批准逮捕和提起公诉，片面、孤立、割裂地办理案件，对涉民企案件开展背景调查的理念和能力均有待改进。

(二)检察人员在服务保障民营企业中的履职机制有待完善

主要体现在检察人员在服务保障民营企业健康发展中的履职保障以及配套机制有待完善。

1. 保障机制不健全。从服务社会治理的角度而言，办案的社会效果直接影响案件办理的质量，检察机关提出的检察建议或者调研报告在实质上属于建议权，在当前检察建议刚性尚需不断强化的情形下，检察建议等社会效果的转化和落实，往往依赖于相关职能部门的执行落实和监管成效，而司法机关和职能部门的衔接和配合机制尚不健全。

2. 办案模式有待优化。对于经济案件，尤其是重大、疑难、复杂的涉民企案件，往往还是依靠承办人单兵作战，专业化办案团队建设有待加强，司法办案和社会治理双轮驱动成效有待强化。

(三)检察机关在办理涉民企案件的主导地位尚不突出

检察机关在刑事诉讼和民事行政检察中履行主导责任应当符合检察权运行中立性和检察官客观公正义务的要求，但是目前规范化、制度化的涉民企案件办理机制尚在不

---

① 参见贾宇：《优化司法服务，切实保障民营企业的生存权、发展权》，载《检察日报》2019 年 7 月 9 日，第 3 版。

断探索中，涉民企案件个案的办理往往受制于个人认知、司法理念和能力水平的差异，导致同类型案件的个案办理成效存在差异，影响了司法办案的严肃性和公信力。

1. 对民营企业服务保障不到位。体现为简单理解"案结事了"，认为案件只要能顺利判下来就可以了，只要符合批准逮捕和提起公诉的标准一律批准逮捕和提起公诉，对羁押必要性的审查重视不足，对涉民企案件办理与服务大局的关系估计不足。

2. 介入工作不精准。体现在履职过程中，对民营企业市场经济主体地位的认知不足，服务保障工作主要体现为指导，而偏离了服务的本位，导致过多介入了企业的经营管理，影响了企业的日常经营活动。

三、强化检察机关服务保障民营企业健康发展的路径思考

检察机关在服务保障民营企业健康发展过程中，以保障民营企业合法权益和营造法治营商环境为导向，以充分发挥法律监督职能为抓手，审慎、稳妥办理涉民企案件，进一步构建检察机关规范办案和服务社会治理机制，为完善防范化解民企经营风险的制度政策贡献力量，为民营经济发展提供有力的法治保障。①

（一）转变司法办案理念

检察机关在司法办案中应当充分考虑民营经济的特点，坚持法治思维和历史眼光，全面贯彻宽严相济司法政策，既要防止过度执法、"机械司法"，又要体现法治温度、人文关怀，坚持依法平等保护，找准保障和促进民营企业健康发展的切入点，营造公开、公平、公正的法治化营商环境。

1. 服务大局意识。将检察工作融入当地经济建设大局之中，把营造良好的企业发展环境作为检察工作服务大局的着力点，积极促进民营企业经济健康发展。

2. 合法权益保障意识。检察机关在办案中以矛盾化解为导向，坚持诉讼地位和诉讼权利平等、法律适用和法律责任平等、法律保护和法律服务平等，维护涉案单位和被害单位的合法权益。

3. 秉持客观公正原则。坚持司法服务经济实体生产经营的理念，全面落实宽严相济刑事司法政策，在办理涉企案件中，既要考虑涉案人员的认罪悔罪情况和犯罪情节，也要考虑企业发展和社会稳定，在保民生、促就业、护发展中释放最大司法善意。

（二）改进司法办案方式

检察机关履行职能、依法办案，改进办案方式方法，防止办案对民营企业正常生产经营活动造成负面影响。在采取强制措施、侦查措施的过程中，注重维护民营企业正常经营秩序、合法权益。

1. 适当压降涉企案件的批捕率和起诉率。一是建立办案影响评估机制。把背景调

---

① 参见刘雨鑫:《检察机关服务民营企业防范化解风险问题研究》，载《中国检察官》2019年第21期。

查作为办理涉企案件必经流程，对涉及民营企业及其经营者案件，详细了解涉案企业基本情况、涉案原因、悔罪表现，认真评估逮捕、起诉、不起诉等决定对企业经营、员工权益和地方经济社会发展的影响。妥善处理依法办案与维护企业正常生产经营的关系，最大限度地减少办案可能给企业带来的负面影响。二是借助“外脑”参与案件定性。因涉企业案件多为经济案件，与经济活动相互交织，具有复杂性、专业性、隐蔽性的特点，对此应当不断健全专家证人、专家咨询、技术鉴定等办案机制，通过充分借力“外脑”，准确区分罪与非罪的界限，按照罪刑法定原则处理案件。三是探索刑事合规不起诉工作。检察机关依法对涉案民营企业或者个人作出不起诉决定，并非对企业发展放任不管，应当结合办案工作，对民营企业内部管理方面存在的问题和漏洞，提出检察建议，帮助企业建章立制、堵塞漏洞。

2. 构建体系化的司法办案联动机制。检察机关与其他司法机关、行政执法机关之间相互协作、相互制约，通过行使检察权，督促公安机关依法侦查，法院依法审判，构建积极、互动的工作关系。一是建立办案单位沟通对接机制。与公安、法院等建立“侦、捕、诉、审”联动。检察机关在办理专业性较强的涉企案件中，注重加强个案协作与类案研究，通过组织联席会议、收集和分析相关判例、法律规定和司法解释，集中研究解决涉民企案件办理中遇到的疑点、难点和典型问题。二是传递涉企案件证据收集标准的对接渠道。鉴于案件事实、犯罪情节、主观动机、案发领域等方面的不同，办案单位在审查和审判关注的重点存有差异，检察机关应当与公安机关加强对接，准确传递不同案件类型证据标准，如开展联席调研和重大案件会商工作。通过提炼经验做法、指导意义，帮助传递司法理念和司法尺度。同时，对于典型涉企案件的案件庭审或者公开听证现场，组织侦查人员进行观摩，提升侦查人员对司法审判标准的认知能力和把控能力。三是推进认罪认罚从宽制度的适用。检、法双方针对涉民企案件协同建立联席会议和信息互通机制，从量刑建议提出及采纳、判决文书送达、法制宣传和法律服务等方面加强合作，共同分析认罪认罚案件办理情况，研判分析适用问题，全面规范认罪认罚从宽制度适用工作。检察机关对于符合速裁程序和简易程序条件的涉民营企业案件，依法从速从宽办理。在认罪协商过程中引导、敦促侵权人退出违法所得，弥补权利人经济损失，发挥认罪认罚的量刑调节作用。

3. 尊重民营企业合理的司法诉求。检察机关加强涉企法律监督的全面均衡发展。充分均衡履行四大检察职能，深挖民事、行政检察案件线索，形成多元化的民营企业保护格局。一是强化民事行政案件的监督。依法受理、审查涉民营企业纠纷案件以及与刑事案件相牵连的产权保护案件申诉，加强对民事行政诉讼和执行活动的监督。在办案过程中，贯彻实体与程序并重的理念，深入开展“一案多查”。经审查认为需要提出检察建议或者抗诉的，可以开展调查核实，发现已经发生法律效力的民事判决、裁定确有错误的，应当依法向人民法院提出再审检察建议或者抗诉。① 二是依法打击虚假诉讼行为。对于部分人员为了逃避企业债务，与他人相互串通，以虚构借贷、编造交易等方式，通过诉讼骗取法院文书来达到转移财产的非法目的的行为，检察机关依法通过抗诉、检察建议等方式监督纠正，依法维护民营企业合法权益。

（三）为民企发展提供司法服务

检察机关注重发现涉企案件背后的执法司法、社会治理、企业运营等方面的问题，积极通过检察建议、类案分析、专题报告等形式，为党委政府建言献策，为营造法治营商环境作出贡献。同时，根据民营企业法律保护需求，制定服务举措，明确检察服务保障工作的方向和重点。

1. 积极参与完善社会治理。检察机关围绕经济犯罪滋生蔓延根源性问题，加强分析研判、推动完善金融管理机制，主动当好党委政府法治参谋。

2. 依托办案帮助企业建章立制。针对涉案民营企业，主动走访企业、报送研判报告、发出检察建议等方式，提供量身定制法律服务，广泛征求企业意见、建议。同时，运用预防调查和犯罪分析等手段，剖析犯罪原因，查找涉案企业在体制、机制和监督管理方面的问题，提出针对性预防对策建议，并通过检察建议等形式帮助企业及时整改。

3. 完善行政执法与刑事司法衔接机制。检察机关主动加强与工商联、发改、经信等部门协作配合，通过走访企业、联席会议、信息共享和提供法律服务等方法，增强民营企业健康发展保护合力。② 一方面，主动加强与工商联等部门的密切联系，建立规范化的对接和沟通机制，通过聘请特邀监督员和联络员等方式，确保企业相关法律诉求可以通过工商联传递至检察机关，对于工商联反映的突出问题，应当认真督办，及时予以反馈。另一方面，检察机关通过与工商联等部门合作，针对民营企业开展经济犯罪预防活动评比，倡导企业守法经营。检察机关还可与工商联协同调研，共同研究民营企业转型升级中遇到的法律风险和问题。

---

① 参见《检察机关依法保障和服务民营企业健康发展需要注意的几个问题》（最高人民检察院法律政策研究室 2019 年 1 月 2 日发布）。

② 参见李如林：《充分发挥检察职能　保障和促进非公有制经济健康发展》，载《人民检察》2016 年第 20 期。

试论检察机关参与民营企业刑事救助的制度体系构建

万　黎　黑玉莹*

摘要：民营企业是我国市场经济的重要组成部分，但在当前司法实践中，缺乏专门针对民营企业刑事救助的制度安排。检察机关对民营企业进行刑事救助，具备专业和实践优势，是检察履职、保障民营企业健康发展的应有之义，也是认罪认罚从宽制度扩大检察裁量权后的必然之举。除资金支持外，检察机关应更多地采用法律监督、合规建设、风险提示等法律帮助方式对企业进行救助，对不同类型的涉案企业平等保护，最大限度地减少刑事诉讼对企业带来的负面影响。

关键词：民营企业　法人救助　刑事合规

检察机关服务保障"六稳""六保"，关键在于服务企业。如何开拓履职空间、充分发挥检察职能，让企业"活下来""留得住""经营得好"，需要全方位地思考和探索。当前，国内缺乏对法人救助的研究，而发达国家却有成熟的实践探索。本文拟借鉴域外经验，从刑事救助的角度探讨检察机关保护民营企业的制度构建和具体路径，突出法人救助的理论创新点，以期为司法实践提供有益参考。

一、构建检察机关对民营企业刑事救助制度的必要性

（一）弥补实践与立法空白

刑事被害人，是指因他人的犯罪行为而受到伤害、损失、遭受困苦的人和实体。[①] 广义的刑事被害人，包括直接或者间接受到犯罪行为侵害的自然人、法人和非法人团体、社会公益和社会被害人；狭义的刑事被害人主要是指自然人。刑事被害人国家救助制度，亦称刑事被害人国家补偿制度，是指当被害人不能从被告人处取得实际赔偿时，由国家

---

* 万黎，江苏省常州市天宁区人民检察院检察官；黑玉莹，江苏省苏州市姑苏区人民检察院检察官助理。

① 参见卞建林主编：《中国刑事司法改革探索》，中国人民公安大学出版社2007年版，第257页。

依照一定的条件和程序对被害人加以补偿的制度。[①] 现代刑事被害人国家救助制度的理论与实践起源于西方社会，自 20 世纪 60 年代以来，全世界共有 30 多个国家和地区建立了比较完备的刑事被害人国家救助制度。我国从 2004 年开始，部分地方司法机关率先开展刑事被害人救助试点工作，2009 年，中央层面出台《关于开展刑事被害人救助工作的若干意见》。可以窥见的是，我国对刑事被害人的专门救助，无论是立法还是实务层面的探索都只针对自然人且还处于起步阶段，[②]对法人的救助更是缺乏制度规定与司法实践，目前仅有对民营企业法人代表进行司法救助的案例，如浙江检察机关在办理一起申诉案中，给予该案申诉人，即某民营企业总经理 5 万元司法救助金，帮其启动民事侵权维权诉讼程序。[③]

因此，在民营企业蓬勃发展的当下，笔者认为，应将民营企业也纳入司法救助，亦即诉讼救助的视野。具体而言，可以将民营企业刑事救助确定为广义司法救助制度的一种。具体到检察环节，就是检察机关通过法定程序，对于陷入刑事案件的民营企业提供包括但不限于资金支持和法律帮助等救助的制度。这样界定，不仅能为司法实践提供制度指引，也能待实践成熟后早日弥补立法上的空白。

（二）服务大局的现实需要

发展是党和国家的工作大局，在发展的广义范畴中，发展经济显得最为重要。无工不富，无商不活，现代经济的主要特征是工业经济，民营企业是国民经济的重要组成部分。近年来，我国民营企业发展迅速，其年产值增长率维持在 30% 左右，增长速度高于国民经济发展速度。可以说，当前民营企业已成为支撑我国国民经济增长的主要动力，是当前最具活力的经济增长点。

长期以来，大量未侦破的刑事案件被害人无法从加害人处获得赔偿。即使是侦破了的案件，能够足额获得赔偿、重振企业经营的也是少数，很多被害人因资金补偿不及时，陷入生产经营困难。这种情况在经济犯罪中尤为突出。因此，构建检察机关对民营企业刑事救助制度，对卷入刑事案件的民营企业，特别是对还在婴儿期、学步期、青春期、抗风险能力较差的企业施以援手[④]，帮助他们恢复生产、渡过难关，是司法惠民、改善民生的补充和保障，更是优化营商环境、保护民营企业健康发展的直接举措，一定程度上能缓和上访、缠访、聚众访等社会矛盾和不满情绪，从而服务社会经济的有序发展。

（三）检察权的属性使然

根据《人民检察院组织法》第 2 条规定，检察机关是公共利益的代表，公共利益是检

---

① 参见谢佑平主编：《刑事救济程序研究》，中国人民大学出版社 2007 年版，第 229 页。

② 参见周建：《刑事被害人国家救助制度研究》，载《上海公安高等专科学校学报》2015 年第 5 期。

③ 参见《浙江省检察院司法救助为一困境民企解困》，载 http://www.jcrb.com/procuratorate/jcpd/201812/t20181208_1940790.html，最后访问日期：2021 年 1 月 5 日。

④ 参见王昱人、罗关洪：《涉刑事案件企业的权利保护》，载《中国检察官》2019 年第 21 期。

察权运行的出发点和落脚点,致力于实现社会效能的最大化。随着经济一体化发展,民营企业作为经济组织,关涉大量社会因素,往往牵一发而动全身。在职员工、退休员工、股东、债权人、客户、消费者等,都与企业利益密切相关。企业一旦因涉嫌犯罪被处罚,极有可能陷入生产经营困境,甚至破产倒闭,不可避免地会损害企业员工、股东、债权人、客户,乃至上下游企业等第三方合法权益,甚至引发系统性风险,影响社会稳定。可见,民营企业代表了不止一个自然人的利益,会牵涉并影响多方和多数人的利益。如果此时检察机关能对民营企业进行及时、精准的刑事司法救助,既能实现追诉犯罪所寻求的矫正、威慑、重塑之客观效果,又能尽量避免让无辜第三方承担额外成本,实现社会公平正义。而这正是检察权行使的内在要求。

分析我国司法救助制度的内涵可以看出,国家进行司法救助是基于保护公民利益,维护社会稳定的责任,以国家责任论为原理基础、融合社会公正论等其他学说的合理方面,彰显国家公益的特征。对民营企业刑事救助制度作为其分支亦可以沿用相关理论基础,而这也契合检察权的公益属性。因此,检察机关开展刑事涉案民营企业救助是检察权的属性使然,具有正当性和必要性。

二、构建检察机关对民营企业刑事救助制度的可行性

(一)法律基础

2018 年修改的《刑事诉讼法》将“认罪认罚从宽”确立为一项基本原则和制度,①使检察机关的诉前主导地位更加突出,②为检察机关救助民营企业提供了法律支撑。一方面,该制度扩大检察裁量权。根据法律规定,认罪认罚可以在各个环节给予从宽处理,③检察机关可以通过广泛“少捕慎诉”,直接减少后续诉讼对涉案民营企业的负面影响。除控辩协商程序外,对极少数案件特别从宽处理程序等规定也意味着检察机关自由裁量权的扩大。④ 另一方面,该制度扩大检察机关作为的空间。由于检察机关在认罪认罚中处于主导地位,⑤可以影响案件实质性的处理,因此检察机关可以在不同时间点、不同阶段介入,针对不同的涉案主体,分别采取不同的方案,精准提供帮助。以至于越来越多的学者认为,认罪认罚从宽制度改革将会导致“检察机关成为整个司法系统的中枢,刑事司法的重心发生了位移”⑥。

(二)实践基础

理念政策是行动的先导,近年来,最高人民检察院先后出台《关于充分履行检察职能

---

① 参见朱孝清:《检察机关在认罪认罚从宽制度中的地位和作用》,载《检察日报》2019 年 5 月 13 日,第 3 版。

② 参见吉林省人民检察院课题组:《以审判为中心诉讼制度改革实证研究》,载《人民检察》2017 年第 10 期。

③ 《刑事诉讼法》第 15 条、第 81 条第 2 款。

④ 《刑事诉讼法》第 182 条。

⑤ 参见张建伟:《检察机关主导作用论》,载《中国刑事法杂志》2019 年第 6 期。

⑥ 魏晓娜:《完善认罪认罚从宽制度:中国语境下的关键词展开》,载《法学研究》2016 年第 4 期。

加强产权司法保护的意见》等系列文件，作出《检察机关办理涉民营企业案件有关法律政策问题解答》，统一、规范涉民营企业案件的执法司法标准。同时，最高人民检察院陆续发布多种类型的涉民营企业司法保护案例，并且要求各地检察机关结合本地实际，有针对性地选择发布典型案例，为各级检察机关提供办案指导。在最高人民检察院的统一领导下，2020 年，全国检察机关依法对 1971 名民营企业负责人建议变更强制措施，排查、清理“挂案”1181 件。[①] 江苏检察机关对 1101 名涉案的企业人员依法不批准逮捕，对犯罪情节轻微的 1245 名企业人员依法不起诉。南京市鼓楼区检察机关在办理某水务公司刑事附带民事公益诉讼案中，创造性的采取“现金赔偿 + 替代性修复”的损害赔偿新方式，在修复生态环境的同时保障了企业生存发展。[②] 这些实践基础都为检察机关开展民营企业刑事救助提供了方向性的指引。

（三）专业基础

检察机关作为法律监督机关，不仅法律地位特殊，而且专业化程度高，具备独特的救助条件。一方面，诉讼环节前置使检察机关能较早接触到案件，其通过提前介入、审查批准逮捕、驻所检察室等机制、途径，在案发后能较早地接触案件、了解案情，第一时间掌握涉案企业的基本状况，了解企业遇到的困难和需求，及时履职，发挥监督职能，加速启动救助程序，节约时间成本。另一方面，在检察机关内部也设置了专业化的办案团队，细分为普通、重大、职务、经济犯罪检察等业务，并在不同的检察业务口径内又设置了环境资源类、电信网络诈骗类、金融犯罪类办案团队，通过对大量类案的办理，检察官们能准确理解、适用法律，如区分“串通投标”和“串通拍卖”，又能明确涉企案件法律政策的界限，如“因资金周转困难拖欠劳动报酬”与“恶意欠薪、合同诈骗与民事违约行为”的界限。同时，检察机关在履职过程中，通过对关注案件、争议焦点、分歧意见的处理，阐明自己的立场和态度，更新人民群众对法律的认知，传递一视同仁、平等保护民营企业的司法理念，从而为顶层司法规范的制定和出台提供有益参考和成功经验。[③]

三、检察机关对民营企业刑事救助的制度构架

（一）明确民营企业刑事救助案件范围

对民营企业提供行之有效的刑事救助，需要明确救助的范围。早在 20 世纪六七十

---

① 2020 年最高人民检察院工作报告。

② 2020 年江苏省人民检察院工作报告。

③ 例如，根据最高人民检察院发布的《保障民营企业合法权益监督侦查机关撤案典型案例》案例二，对于信用卡诈骗罪“非法占有目的”的认定，武汉市青山区公安机关和检察机关存在认识分歧，检察机关认为，不得单纯依据持卡人未按规定还款的事实认定非法占有目的，并于 2018 年 6 月 19 日监督公安机关撤销案件。2018 年 11 月 28 日，最高人民法院、最高人民检察院发布《关于办理妨害信用卡管理刑事案件具体应用法律若干问题的解释》，其中第六条第二款、第三款规定，对“非法占有目的”需进行综合认定，不得单纯依据未按规定还款进行简单推定，体现了前案检察机关的处理意见和监督要旨。

年代,英国就颁布《刑事损害赔偿纲要》,放宽救助条件,扩大救助范围,将被害人的遗属纳入救助对象。因每年只有10%的受害人能够领到赔偿金,德国在1976年颁布《暴力犯罪被害人补偿法》,向更多的被害人、弱势群体伸出援助之手。[①] 因此,在前文已阐明的对民营企业刑事救助必要性的前提下,应将救助的范围尽可能地扩大,包括对民营企业的法律帮助,如检察机关可以采用企业刑事合规的方式来帮助涉罪企业完善内部治理,防控违规风险,在法治的轨道上参与市场竞争。

确定救助范围后,笔者认为,应重点关注"中小微企业"这一救助对象。在2020年新冠疫情的特殊背景下,一批"中小微企业"为了继续生存,从事了骗取贷款、"制售假"、逃税漏税等违法违规经营活动。可以说,这些企业本身并不是为了实施犯罪而成立的,主要是因为存在经营、融资等方面的困难而不得不铤而走险。如果对这些企业动辄进行刑事打击,不仅企业会遭受灭顶之灾,也会波及其他群体的利益,引发"办理一个案件,搞垮一个企业"的社会问题,而这恰恰需要检察机关的思考和作为。

(二)制定民营企业刑事救助细则明确救助方式和标准

目前,缺乏对民营企业提供专门性和针对性的刑事救助细则,仅在最高人民检察院和部分地方出台的文件中散见。而建立和完善民营企业刑事救助细则是检察机关开展民营企业刑事救助工作的基础。美国通过《被害人及证人保护法》《被害人权利及损害恢复法》等系列法案,推行刑事被害人救助制度,并在财政部设置刑事被害人救助基金,通过不同途径筹集经费,包括社会捐款等。日本也有《被害人权利宣言》,详细规定了受助人权利和救济金制度。[②]

鉴于此,民营企业刑事救助细则既应包括救助方式、救助标准,也应包括救助过程中对救助资金的管理等问题。对于救助的方式和标准,不应采取"一刀切"的方式简单给与物质帮助,而应当根据救助对象的不同有所区分,精准细致救助。这里需要考虑在特殊时期、特殊情况下如何对企业救助,如疫情期间,如何帮助企业复工复产。在救助对象分别为涉罪企业、被害企业和涉罪企业人员时,应采取不同的救助方式和标准,但一切皆以帮助涉案企业达到解困为目的开展。对于救助的保障——资金问题,应当开拓资金的来源,不仅借助政府预算、税收等公共财政支撑,也要吸纳社会基金、行业协会资金和犯罪罚金等。我国古代秦汉至清末,有保辜制度,即使行为人没有赔偿能力,官府也会先行垫付。[③] 因此,前期还是要以公共财政作为专项支撑,确保平稳、有序运作,后期可以通过设立救助基金等形式"开源",保持民营企业刑事救助制度的生命力。

---

① 参见钟小飞:《论刑事被害人国家补偿制度之构建》,2012年4月广东商学院硕士学位论文,载中国知网。

② 参见闫乃谦:《我国刑事犯罪被告人救助机制研究》,2017年5月华中师范大学法学院硕士学位论文,载中国知网。

③ 参见刘洋:《唐代保辜制度研究》,2019年5月辽宁大学硕士学位论文,载中国知网。

（三）构建民营企业刑事多元救助机制

对民营企业开展规范化的刑事救助，必须明确各个参与救助的主体在不同救助阶段的权责内容，同时规范救助流程，避免重复救助和消极救助。对于各救助主体的权责划分，应当形成以检察机关为核心的分工配合机制，注重与公安、法院、民政、社会组织等部门的协调配合，充分发挥检察机关的中枢作用，最大限度地盘活救助资源，对民营企业进行有效救助。域外可以参考借鉴法国的刑事受害人权利保护法律机制，其对受害人的保护强调官方与民间组织的紧密配合，形成了法国司法部与民间受害人协会共同救助的工作格局，共同致力于为受害人提供全方位的法律援助、心理帮助和经济支持。

对于涉案民营企业，检察机关可以通过提前介入案件的方式，在审查起诉环节发现其在经营管理过程中的问题，主动及时启动救助程序。一方面，通过与政府相关部门及律师行业及时沟通联系，为涉案企业提供法律帮助；另一方面，在办案过程中审慎使用公权力，尽可能减少办案活动对企业造成的负面影响。对于被害企业，则要注重与公安和法院的配合协作，可以通过当事人的申请或在办案过程中主动启动救助程序，在整个司法过程中维护其合法权益。对于涉罪的企业人员，则要立足检察职能，在依法办案的同时，注重其权益的保障，并根据实际情况，与政府相关部门和社会机构为其改过自新提供物质和精神上的帮助与支持。

四、检察机关对民营企业刑事救助的不同路径

（一）针对被害企业

对涉案的被害企业，要根据需求，分类对其进行救助。对于企业财产权益遭受侵害的企业，要与公安和法院加强配合，做好追赃挽损、退赔退赃工作。一方面，引导公安机关及时查封、扣押违法所得；另一方面，监督法院妥善处置涉案款物。对于知识产权遭受侵害的企业，要严厉打击侵权者、剽窃者、幕后指使者。对核心技术、驰名商标、商业秘密等被侵犯的，在法律适用上，要做有利于被害企业的解释。

对于诉讼能力不足、依靠自身力量难以有效维权的民营企业，可以通过提供法律咨询、帮助取证、出具意见书等方式，支持其提起诉讼，维护其合法民事权益。发现被害企业因此陷于经营困境的，要及时启动国家司法救助程序，符合条件的，尽快发放救助金；灵活运用风险提示函和检察建议，指出被害企业的经营风险和制度漏洞，并提出切实有效的防控建议，帮助民营企业堵塞漏洞、抵御风险、化解隐患、提高安全防范和风险内控能力；加强以案释法、法制宣传，落实“谁司法，谁普法”制度，为企业提供优质的法治产品。

（二）针对涉罪企业

对涉罪企业，笔者认为，除了做好办案风险评估外，还可积极探索刑事合规和合规不起诉。

一是帮助企业建立合规计划。可借鉴、参考西方的“企业合规制度”[①],建立刑法正向激励机制,将企业建立合规计划作为起诉、定罪和量刑的考虑因素。企业认罪认罚,积极配合调查,有整改意愿和整改可能,建立刑事合规计划的,可以签署暂缓起诉协议,给予考验期。经过一定的期限后,经评估达到刑事合规标准的,可依法提出从宽处罚或适用缓刑的量刑建议,并撤回已公开的案件信息。必要时,可由检察机关牵头,会同工商联、科信局、驻企业律师等有关单位和人员介入,对企业进行分类诊断,排查企业规章制度漏洞,完善企业内部管理各类制度,预防犯罪的“再发生”。

二是探索建立企业附条件不起诉制度。[②] 我国的“附条件不起诉”适用范围偏窄且数量较少,不符合现代刑事司法制度的发展规律。可将企业合规不起诉作为“附条件不起诉”的一个种类,结合认罪认罚制度,扩大从宽处罚的幅度,增设“合规附条件不起诉协议”,减缓单位犯罪双罚制的“溢出效应”。同时,应当明确的是,要确定检察机关在合规不起诉中的主导地位,以“监管者”的身份督促、引导、审查企业进行合规建设,但也应把握监管尺度,避免监督考察流于形式或者存在权力滥用的风险。同时,为加强监管的有效性,可以探索独立监管人制度,在整改周期内,根据整改方案,对企业合规建设出具阶段性的监控分析报告,在公开听证中独立发表意见,为检察机关处理案件提供专业参考。

(三)针对涉罪企业人员

对于涉罪企业人员不能只给予法律惩罚,而忽视帮助引导,要注重惩教结合,在办理涉企刑案的过程中达到三个效果的统一。

一方面,要全方位做好帮扶工作。做好民营企业家的思想工作,引导涉罪人员用发展的眼光看待眼前的错误,卸下思想包袱,重新鼓起干事创业的信心,轻装上阵。办案中,除围绕定罪量刑讯问、询问外,还应耐心听取民营企业家的其他诉求,对反映的情况应保持警觉。一旦发现有违规插手经济纠纷、随意采取财产性强制措施等违法情形的,应及时启动监督程序。对企业家反映的诉求合法合理、有化解可能的行政申诉案件,应通过促进和解、公开听证、释法说理等方式实质性化解行政争议,保障企业正常的生产经营。[③]

另一方面,要处理好企业经营和限制自由的关系。对被羁押的民营企业经营管理人员,应与监管场所协作,探索开设处理民营企业紧急业务的“绿色通道”,在对外联系、生

---

① “合规”一词起源于美国,最早被理解为“法规的遵守”,1991 年美国《联邦量刑指南》首次将企业合规计划引入法律实践中。参见最高人民检察院检察理论研究所专题研究报告:《检察职能有待拓展的空间:刑事合规监督》。

② 2020 年 3 月,最高人民检察院已启动涉案违法犯罪依法不捕、不诉、不判处实刑的企业合规监管试点工作,并确定浦东、张家港市等 6 家基层院为试点单位。

③ 例如,徐州检察机关对一起地方政府不当拆除民营企业生产设备案进行监督,促成双方和解,化解了长达 9 年的信访积案。见 2020 年江苏省人民检察院工作报告。

产经营、投产决策等方面提供必要的便利和支持。接受社区矫正的民营企业人员,因投资谈判、签订合同、催要业务款项等有利于企业发展事由需要外出的,可以借助电子手环、非羁码等监控设备,建议放宽准许条件。如盱眙县人民检察院、司法局对社区服刑的某企业负责人实行随行监管,准予其跨省参与商务洽谈,为企业吸引投资 1000 余万元。

初心、问题与破局：基层检察院考评的检视

——以N市为例

江苏省南通市人民检察院课题组*

摘要：基层院考评规范已形成业务考评为核心、检察队伍和保障管理为两翼的考评格局。从N市的考评实践看，呈现出突出业务导向、激励创新创优、重视内外部评价的发展趋势，检察统一业务系统的推广使考评方法由“分权考评”转变为“集中考评”，有力促进了检察权的规范运行。但业务大数据评价刚性有余柔性不足、集中考评弱化了条线对下管理、综合工作考评方法陈旧、统一考评忽略了基层院发展的差异性等问题仍须引起重视。建议健全评价指标、完善考评方法，引领推动基层院补短板、重自强，为人民群众提供更优质的“法治产品”和“检察产品”。

关键词：基层检察院　考评　检察权

基层检察院直面最广大人民群众，基层检察工作事关检察工作的全局。数据显示，全国共有基层检察院3222个，基层检察干警159193人，分别占全国检察机关的88%和76%；检察机关约90%的案件由基层检察院办理。① 为引导和督促基层检察院全面正确履职，基层院建设综合考评（以下简称基层院考评）被赋予规范司法行为、提升队伍素能、促进管理科学的“助推器”“指挥棒”的重任。回溯基层院考评的初心，检视实践中的经验和问题，前人的探索和努力才能穿越时空隧道成为今人的宝贵财富。

---

* 课题负责人：瞿忠，江苏省南通市人民检察院政治部主任。课题组成员：戴耀峰，江苏省人民检察院组织人事处副处长；徐清，江苏省南通市人民检察院组织人事处处长；陆晓妹，江苏省南通市人民检察院宣传教育处处长；徐海林，江苏省南通市人民检察院组织人事处副处长；王婷婷，江苏省南通市人民检察院组织人事处一级科员。本文系2020年度江苏省人民检察院检察理论研究课题“基层检察院建设综合评估探究——以N市的实践和探索为基础的分析”的部分研究成果。

① 参见1998年最高人民检察院发布《关于加强基层检察院建设的意见》。

一、基层院考评的发展历程

基层院考评作为公共部门绩效评估的一种,起源于西方新公共管理理论。公共部门绩效评估,指"为对特定组织在积极履行公共责任的过程中,在讲求内部管理与外部效应、数量与质量、经济因素与伦理政治因素、刚性规范与柔性机制相统一的基础上,获得的公共产出进行的评审界定"①,是自上而下推进上级政府的治理理念、实现治理目标的重要路径。1984 年,中央组织部、劳动人事部联合下发《关于逐步推行机关工作岗位责任制的通知》,探索开展政府绩效考评。1995 年中央组织部下发《县市党政领导班子实绩考核办法》,首次对县市党政领导班子明确考评目标指标体系。

在强化政府绩效考评的大背景下,1978 年检察机关恢复重建后,地方检察机关开始了考评探索。80 年代后期,上海检察机关将条线考评作为指导基层院工作的重要抓手,90 年代初,上海等检察机关以业务条线考核为主的基层院考评初见雏形。1998 年 12 月,最高人民检察院在《关于加强基层检察院建设的意见》中,首次清晰地提出:改革办案考核方法,建立科学的办案考核体系,从考核机制上保证办案质量。基层院考评成为督促检察工作均衡发展,确保上级部署有效落实的重要路径。但考评要实现什么目标,如何考评经历了较长时间的摸索。

(一)考评目标

基层院考评的最初目标是"五好",即建设一个好的领导班子,培养一支好的队伍,建立一套好的机制,创造好的工作业绩,树立一个好的形象。② 2002 年,"五好"细化为:领导班子好、队伍素质好、管理机制好、检察业绩好、社会形象好。③ 2010 年,最高人民检察院提出了独具检察特色的考评目标:执法规范化、队伍专业化、管理科学化和保障现代化。④ 2014 年,"四化"丰富为"八化",即"执法规范化标准化、队伍专业化职业化、管理科学化信息化、保障现代化适用化"⑤

从与行政事业单位无差别的宽泛原则的"五好"到独具检察特色的"四化"、又内涵不断丰富为"八化",清晰的考评目标有利于引导基层院全面正确履行法律监督职责。

(二)考评内容

1998 年最高人民检察院作出加强基层院建设的部署后,各地对基层院考评尤其是业务考评进行了探索。2004 年,最高人民检察院首次明确了考评内容和权重:检察业务建设 50%,检察队伍建设 20%,检务保障及信息化建设、检察管理机制建设、检察形象建设

---

① 卓越主编:《公共部门绩效评估》,中国人民大学出版社 2011 年版,第 7 页。

② 参见 1998 年最高人民检察院《关于加强基层检察院建设的意见》。

③ 参见 2002 年最高人民检察院《人民检察院基层建设纲要》。

④ 参见 2010 年最高人民检察院《基层人民检察院建设考核办法(试行)》。

⑤ 最高人民检察院《2014—2018 年基层人民检察院建设规划》。

各占 10%,[①]建立起基层院考评的基本框架。2010 年,检察形象建设调整至队伍建设中。[②] 从此,以业务考评为核心、以检察队伍和保障管理为两翼的考评结构基本确立。

业务考评作为基层院考评的核心经历了曲折的发展历程。2004 年,最高人民检察院明确了检察业务规范化应当达到的 15 项基本标准。[③] 2010 年,出台专门的业务评价办法,[④]对各地检察业务整体情况进行量化考评和量化比较。[⑤] 量化考核发挥了激励作用,但考核指挥棒引发的竞争和攀比效应,催生了数据造假、注水现象。[⑥] 最高人民检察院指出,"一些地方和单位单纯围绕考评指标部署开展工作,片面追求计分排名,甚至为追求考评成绩而弄虚作假,影响了检察职能作用的正确有效发挥。"[⑦]2011 年最高人民检察院废止了指标分值和计分标准,并印发《关于进一步建立健全检察机关执法办案考评机制的指导意见》,明确由各省检察机关自行考核检察业务,最高人民检察院只负责宏观方向指引、各级检察机关决定具体考核指标。

2014 年,最高人民检察院对业务考评指标进行修改完善,设置各业务条线共计 26 个核心数据,取消了不易验证核查以及不能客观反映实际情况的项目。[⑧] 2020 年年初,最高人民检察院制定了专门的案件质量评价指标,[⑨]推动业务考评从以办案数量为主的考评,转变为以办案质量、办案效率为主的考评。

二、N 市基层院考评概览

N 市位于江苏东南部,该市政法编干警数、办案规模位于全省中游。下辖 9 个基层检察院,最大的基层院有政法编干警 86 名,最小的仅有 30 名。本文以 2016—2019 年 N 市基层院考评为考察对象,努力呈现生动的考评实态。

---

① 参见 2004 年最高人民检察院《基层人民检察院规范化建设考核办法》。

② 参见 2010 年最高人民检察院《基层人民检察院建设考核办法(试行)》。

③ 参见《基层人民检察院规范化建设考核办法》。具体标准为,适用侦查措施、强制措施法律手续完备,程序合法,无违法适用侦查措施、强制措施等情形;文明办案、依法取证,无刑讯逼供和以威胁、诱供、欺骗以及其他非法方法取证等情形;法律文书制作规范,案卷归档符合要求,业务台账健全明晰,各项业务数据统计准确,按时上报,无弄虚作假、拖延上报等情形。

④ 参见《最高人民检察院考核评价各省、自治区、直辖市检察业务工作实施意见(试行)》《最高人民检察院考核评价各省、自治区、直辖市检察业务工作项目及计分细则》。

⑤ 《今年起统一考评各地区检察业务工作》,载正义网,http://news. sina. com. cn/o/2010 - 01 - 05/030016877663s. shtml,最后访问日期:2020 年 8 月 25 日。

⑥ 参见陶杨、赫欣:《激励抑或误导:J 省 F 县人民检察院绩效考核机制调查》,载《理论界》2016 年第 1 期,该文指出,为追求立案监督数、追诉案件数,基层院与公安协商进行数据造假。参见葛长勇、高琪:《检察业务绩效考核体系的构建与完善》,载《西部法学评论》2011 年第 6 期,该文指出,为提升监督数据,检察机关与公安协商,一件 7 人的共同犯罪案件,公安仅提请逮捕 1 至 2 人,其他犯罪嫌疑人由检察机关监督后提请逮捕,通过此类方法,对立案监督、纠正违法、纠正漏捕漏罪等数据造假。

⑦ 最高人民检察院《关于进一步改进检察业务考评工作的意见》。

⑧ 王晋:《完善业务考评制度机制,促进检察业务健康发展》,载正义网,http://legal. people. com. cn/n/2015/0215/c188502 - 26571418. html,最后访问日期:2020 年 8 月 25 日。

⑨ 参见最高人民检察院《检察机关案件质量主要评价指标》。

(一)考评内容的发展

N 市基层院考评在最高人民检察院《2014—2018 年规划》“八化”框架下展开,以 2017 年为界分为两个阶段:2017 年前,基层院考评分两大板块,即“检察工作 + 创新创优”,其中检察工作考评包括检察业务① 60 分、队伍建设② 20 分、检务保障③ 10 分、督查督办④ 10 分;创新创优⑤ 10 分。2017 年后,考评调整为三个板块,即“检察工作 + 贡献度评价 + 满意度评价”。检察工作考评精简为业务评价和政治评价,其中政治评价涵盖了队伍、保障、管理等所有检察综合工作。贡献度评价即原来的创新创优。满意度评价由本院干警和上级院领导和部门民主推荐组成。

2016—2019 年 N 市基层院考评内容表

<table>
<tr><td>最高人民检察院“八化”目标</td><td>业务
规范化标准化</td><td>队伍
专业化职业化</td><td colspan="3">管理
科学化信息化</td><td>保障
现代化实用化</td><td>其他</td></tr>
<tr><td>2016—2017 年考评内容(满分 110 分)</td><td>检察业务 60 分</td><td>队伍建设 20 分</td><td>督查督办 10 分</td><td colspan="2">创新创优 10 分</td><td>检务保障 10 分</td><td></td></tr>
<tr><td>2018 年考评内容(满分 100 分)</td><td>业务评价 55%(其中办案数量 15%、办案质量 20%、诉讼监督效果 20%)</td><td>政治评价 20%</td><td>督查督办被政治评价覆盖</td><td colspan="2">检察贡献度 15%</td><td>检务保障被政治评价覆盖</td><td>部门评价 10%</td></tr>
<tr><td>2019 年考评内容(满分 100 分)</td><td>业务评价 52%(其中办案数量 15%、办案质量 20%、诉讼监督效果 17%)</td><td>政治评价 18%</td><td>督查督办被政治评价覆盖</td><td>检察贡献度 12%</td><td>检察影响力 8%</td><td>检务保障被政治评价覆盖</td><td>满意度评价 10%(上级院领导评价 40%、部门评价 30% 和本院干警 30%)</td></tr>
</table>

如上表所示,2016 年以来,N 市基层院考评内容呈现以下发展趋势:

1. 突出业务导向。2017 年前考评总分 110 分,其中检察业务考评权重 60 分,队伍、保障、管理等检察综合工作权重 40 分,两者分别占考评总分的 54.5%、36.4%;2018 年以来,考评总分调整为 100 分,但检察综合工作由 2017 年的 36.4% 降到 2018 年的 20%,再到 2019 年的 18%;而业务考评基本维持原有的权重,反映了业务考评在基层院考评中不可动摇的主体地位。

2. 激励创新创优。创新创优考评板块中设置了最高人民检察院和省院课题、指导性

---

① 指反贪、反渎、侦监、公诉等检察业务工作。

② 指组织人事、宣传、教育培训、党建等综合工作。

③ 指信息、机要保密、纪检监察、检察技术、计财等综合工作。

④ 指完成落实上级工作部署情况。

⑤ 指表彰奖励或经验做法被推广、肯定等创新创优工作。

案例和公告案例、重大理论研究成果、信息宣传、表彰奖励等指标。2017 年前,创新创优考评权重 10 分、占考评总分的 9.1%;2018 年权重 15 分、占考评总分的 15%;2019 年权重 20 分、占 20%,2019 年较 2017 年几乎翻了一番,形成了鲜明的激励创新的考评导向。

3. 重视内外部评价。基层院考评的本质是自上而下的目标考核,目的是推动上级决策部署在基层得以落实。但单纯的考评指标可能引发前文所述的数据注水、追求排名等弄虚作假现象。2018 年以来增设满意度评价指标,通过上级评下级、本单位干警评价强化了内外部监督,一定程度提升了考评的科学性。

(二)考评方法的革新

随着检察统一业务系统的运用,考评方法实现了由"条线分权考评"模式到"集中考评"模式的转变。

1. 2016—2017 年:"条线分权考评"。2017 年前的基层院考评可称为"条线分权考评"模式,由各业务条线分别开展考评,具体操作方法是,先把各条线工作赋予不同的权重分:如办公室业务或侦监业务权重 8 分,则第一名得满分 8 分,其他位次按等差数列递减,即第二名得 7.2 分,第三名得 6.4 分,第四名得 5.6 分等。考评牵头部门一般是政治部,对各条线得分和"创新创优"得分进行汇总,即为各基层院年度考评得分。

2. 2018 年后:"集中考评"。统一业务系统的运用和推广使对业务考评的精准评价成为可能,促使考评方式由"条线分权考评"模式转变为"集中考评"模式。"集中考评"由政治部牵头开展,各条线不再另行组织对下考评。其中,业务评价由案管部门直接提取统一业务系统中的业务指标数据,按确定规则计分;政治评价涵盖了队伍、保障、督查督办等检察综合工作,未执行有关规章制度或未完成上级部署任务的予以减分;贡献度评价及满意度评价是按计分规则对创新创优项目、民主推荐情况予以计分。政治部对上述考评内容汇总后,即可排出各基层院考评名次。

三、经验与问题:基层检察院综合考评实践之思考

N 市基层院考评的特色是:凸显业务考评主体地位,充分运用检察大数据评价定期反馈考评结果,引导基层院固强补弱,加大创新创优考评激励基层院积极打造检察品牌,有力促进了检察权规范运行、检察队伍专业素质的提升。但有以下问题值得探究:

(一)业务大数据评价刚性有余柔性不足

N 市依托检察大数据评价开展考评,极大地促进了基层院考评的公开公正,但指标化、正式化也带来了考评缺乏弹性、过于僵化问题。应理性看到,指标数字尽管是最客观、准确的逻辑语言,但每一个数字后面是一个个具体的案件,每一个案件都有其特殊性,将所有指标按统一的计分规则折算考评分,可能不能客观评价办案质效。

实践中,某基层院出现了一起法院退回案件。该院以被告人陈某等 3 人非法捕捞水产品案提起公诉,庭审时取保候审的一被告已到达几百海里外海面捕鱼,若专程回来参

加庭审将产生几万元费用，该被告表示 2 个月后上岸将参加庭审。其间，因全省对环境资源类案件实行属地管辖，该案管辖权发生变更，法院因此将案件退回。再如，某基层院在审查田某某掩饰、隐瞒犯罪所得案时，发现该案与罗某某等人非法采矿案成立上下游交易，但后者未达入罪标准。在上游犯罪不成立的前提下，田某某也不构成下游的掩饰、隐瞒犯罪所得罪，故作出不起诉决定，公安机关坚持提起复议复核。

不诉复议复核虽然是最高人民检察院规定的不起诉案件质量不高指标[①]，但至少反映了不起诉说理不够充分；法院退回、撤回起诉被学界称为刑事诉讼中的“程序回转”“程序回逆”，损害了当事人权利和法律权威，用这些指标评价办案质量并无不当。但上述案件不存在质量问题，因大数据评价提取到相应数据仍予以减分处理，可见大数据评价尽管精准，却存在“一刀切”的隐忧，案件是否存在质量问题，有赖于审慎的案件评查才能对个案作出判断。

（二）集中考评弱化了条线对下管理

在公共管理学领域，集权和分权始终是一个重点课题，分权有利于效率，而集权是实现平等和稳定目标的前提。考评方法由“条线分权考评”转变为“集中考评”，其本质是考评由分权转向集权。“集中考评”模式有利于减轻基层负担，防止多头考评、分散考评、重复考评带来的管理资源浪费，避免了部门权力过于集中带来的权力寻租等。但是，基层院考评脱胎于条线考评，是一种条线部门对下管理的重要手段，在“条线分权考评”模式下，条线可以将上级检察院重要业务工作部署、本地重点专项工作、专项行动纳入考评，有针对性推动检察业务工作发展。

“集中考评”模式使条线部门无法即时增加考评指标、调整指标权重。一定程度架空了上级条线部门的对下管理权。实践中，基层院围绕考评指标开展检察工作，存在单纯就考评而考评、片面追求排名现象。如临近年底时，一些业务指标排名靠前的基层院有意识地压降办案节奏，将一些监督案件留待来年“开门红”。一些基层院更重视容易加分、有影响力和美誉度的工作，相对忽视刑事和解、化解矛盾纠纷等难以量化考评的工作，而条线部门尚未找到有力的抓手来解决这些深层次的问题。

（三）综合工作考评方法陈旧

检察综合工作不仅关系履职能力和水平，也决定着检察形象和检察影响力，毫无疑问是基层院建设的重中之重。但有的综合工作，如党建、计财、教育培训、纪检监察等无法定量评价；有的综合工作，如创新创优难以简单地以数量评判，一定程度使综合工作考评徘徊在台账检查、篇目计分上。实践中，创新创优主要考评信息、调研、表彰奖励等内

---

① 2001 年最高人民检察院发布《人民检察院办理不起诉案件质量标准（试行）》第 3 条第 10 款：“侦查机关对不起诉决定要求复议或者提请复核的，被不起诉人或者被害人不服不起诉决定提出申诉的，人民检察院应当及时审查并在法定期限内作出决定”。不起诉复议复核至少说明应做好文书说理和论证，增强不起诉决定的说服力。

容,按不同层级赋予不同的分值,如国家级 5 分、省级 3 分、市级 1.5 分等。但把信息、调研、表彰奖励等不同性质的指标按统一计分规则相加,不可避免地陷入辛普森悖论①。辛普森悖论的著名实例是某高校性别歧视案(见表 1):从总录取率看,女生 56.5% 的录取率远低于男生的 68.8%,女生似乎遭到性别歧视;但分别看,无论在法学院还是在商学院,女生录取比例都高于男生。②

表 1 辛普森悖论之性别歧视

学院	女生申请	女生录取	女生录取率	男生申请	男生录取	男生录取率
商学院	101	92	91.1%	251	201	80.1%
法学院	152	51	33.6%	53	8	15.1%
总计	253	143	56.5%	304	209	68.8%

用辛普森悖论观察,可以发现创新创优考评的一个耐人寻味的现象:该项考评分较低并不意味着某基层院检察品牌建设不力。比如,约每五年评选一次的全国模范检察院、约每三年评选一次的全国先进检察院,可谓基层检察院建设领域的最高荣誉,按计分规则仅得 5 分——相当于 1 篇国家级信息或调研。针对计分规则的缺陷,2019 年 N 市将计分规则修改为:获综合性表彰奖励的双倍积分,但全国模范检察院等全国性奖励也只相当于 2 篇国家级信息或调研。一言以蔽之,一些获评较高荣誉奖项、检察品牌影响力较大的基层院创新创优考评不一定领先,一些善于总结经验、总结推广的基层院往往成为"创新创优"大户,③创新创优考评实际上成为变相的信息调研考核。如何引导基层检察院在实干、创新上下工夫,而不是为加分而"创新",仍值得深思。

(四)统一考评忽略了基层院的差异性

各地域经济社会发展水平不一,各基层院面临的实际情况千差万别。以刑事检察为例,2019 年,N 市办案体量中等的如东市检察院审查逮捕 268 人,审查起诉 941 人;④办案

---

① 辛普森悖论是指同一组数据,整体讨论和分组讨论时分别呈现完全不同的趋势,提醒人们谨慎使用单纯的统计数字来判断或决策。

② 《数据分析必须警惕的坑:辛普森悖论》,载 https://www.sohu.com/a/235918522_114819,最后访问日期:2020 年 8 月 25 日。

③ 参见葛长勇、高琪:《检察业务绩效考核体系的构建与完善》,载《西部法学评论》2011 年第 6 期。该文指出,检察宣传造假成风,一个全年办案数不到 300 件的单位,一年新闻稿件有 1200 篇。参见黄维智:《业务考评制度与刑事法治》,载《社会科学研究》2006 年第 2 期。该文指出,某基层检察院为创新出台《主诉检察官办案零口供规则》,在社会引起广泛关注,被认为沉默权已在我国确立,但该规则出台不久便被否定,一些"标新立异"的花架子在完成加分任务后自生自灭。

④ 参见《如东县人民检察院工作报告(2019)》,载 http://ntrd.jsjc.gov.cn/jianwu/baogao/202001/t20200122_965713.shtml,最后访问日期:2020 年 8 月 25 日。

量较大的通州区检察院批捕 328 件 457 人,起诉 867 件 1148 人;[①]而同期港闸区法院受理刑事案件 402 件,审结 363 件。[②] 就刑事办案规模看,"小院"为"大院"的 1/3 左右,且港闸院并非 N 市办案规模最小的基层院。以同一标准开展考评,忽视了各基层院的差异化个性发展。

随着近年来以业务考评为主的基层院考评体系的确立,毫不夸张地说,"得业务者得天下",多年来 N 市先进基层院已固定在几家办案体量较大的基层院,不仅挫伤了一些办案体量较小的"小院"的积极性,也难以发挥考评鼓励"先进"、激励"后进"的作用。针对这一问题,2016 年,N 市根据常住人口、国民生产总值、各院编制数等因素,将 9 个基层检察院划分为 A 类和 B 类,从中分别产生若干先进基层检察院,但分类考评后"小院"仍处于劣势。2017 年,N 市取消分类考评,除了评选先进基层院以外,另设立 1 个"进步院",对综合考评位次进步明显的基层院予以表彰;设立若干"特色院",对综合考评中位次不占先、但某项检察工作条线排名领先或有一定影响的基层院予以表彰肯定。从设立初衷上看,"进步院"的含金量高于"特色院",因为"特色院"只是单项检察工作领先,但"进步院"须在考评中位次进步明显。

令人深思的是,基层院对"特色院"予以欢迎,但对"进步院"却表现出抗拒——一个行政区划内仅有一家检察院,"进步院"意味着原来的检察工作较"落后"。因此,2018 年后 N 市取消了"进步院",保留了"特色院",激励"小院"专注打造具有区位特色的检察工作,推动形成了打击虚假诉讼、职务犯罪检察等在全国、全省有一定影响的单项检察工作,但各单位年终均获不同类别的奖项,不容忽视存在"排排坐、分果果"心理,基层院发展的差异性和不平衡性对统一考评提出了新课题。

四、破局:基层院综合考评之完善路径

基层院考评的初心和使命,是"把基层检察院建设成为司法公正、纪律严明、形象良好、人民满意的法律监督机关"。[③] 应健全评价指标,完善考评方法,引领推动基层院补短板、重自强,为人民群众提供更优质的"法治产品"和"检察产品"。

(一)完善基层院考评指标评价体系

针对检察大数据评价"一刀切"造成公平缺失、"小院"吃亏等问题,应完善考评指标,探索差异化考评,促进考评公平公正。

---

① 参见《通州区人民检察院工作报告(2019)》,载 http://nttz.jsjc.gov.cn/jianwu/baogao/202003/t20200318_990399.shtml,最后访问日期:2020 年 8 月 25 日。

② 参见《港闸区人民法院工作报告(2019)》。因为未能检索到港闸区人民检察院 2019 年人大工作报告,所以采用了同期港闸区法院工作报告中的相关数据。载 http://www.ntgz.gov.cn/gzzt/zybg/content/e79b2abb-dca2-4e4d-a41e-30c69bafeb13.html,最后访问日期:2020 年 8 月 25 日。

③ 1998 年最高人民检察院《关于加强基层检察院建设的意见》。

第一,确立"四大检察"核心评价指标。2020 年发布的《检察机关案件质量主要评价指标》(以下简称《案件质量评价指标》)87 项评价指标中,仅有"案—件比"指标首次摆脱了办案数量的束缚,客观评价一个单位的办案绩效。那么,在 87 项指标中,哪些指标像"案—件比"那样,在不取决于办案规模的基础上,客观反映检察环节的办案绩效?指标过多过杂,反而会冲淡真正重要的指标,建议加大对"四大检察"评价指标的研究,明确"四大检察"的核心质量评价指标,鼓励敢于监督、善于监督、依法监督、规范监督,及时回应人民群众司法诉求,厚植党的执政根基。

第二,建立更公正的评价体系。案件质量是司法办案的生命线,但单一的指标本身不足以客观反映办案质量和效率。比如,抗诉数,一般是衡量刑事审判监督的重要指标,若某年度 A 院提出 3 件抗诉案件且都获得法院支持,改判率为 100%;B 院提出 6 件抗诉案件且法院改判 4 件,改判率为 80%,两者的刑事审判监督哪个更好?实践中倾向于既考评抗诉数,又考评改判率,认为 B 院不比 A 院逊色。但引入办案数量指标的时候必须警惕:监督数量受各地办案规模的客观制约,一般来说,办案规模越大、监督数量相应也越大。如果 A 院、B 院一年的刑事办案规模分别为 350 件、800 件, A 院、B 院提起抗诉率分别为 0.857%、0.75%,那么易得出 A 院的审判监督力度和质量均高于 B 院。再者,应在充分考虑基层院发展不平衡性的基础上设置更公正的质量评价指标。比如,刑事审判监督指标,可参考该基层院前 3 年至 5 年的抗诉案件数量,如当年的抗诉数与前 3 年至 5 年的平均年抗诉数持平,说明诉讼监督力度不减;反之则可能存在不敢监督、不善监督等问题。

第三,探索差异化考评。针对实践中"小院吃亏"、考评导向激励作用发挥不充分等现象,建议开展基层院差异化考评。业务考评方面,参考地区国民生产总值、一般公共预算收入、常住人口数、政法专项编制数、刑事案件发案量等因素,运用检察大数据分析同一发展水平基层院的办案规模,计算"四大检察"的各项核心业务指标的合理区间,各基层院达到该区间值的得基准分,高于或低于该区间值的相应予以加减分。在创新创优考评方面,建议将评价维度转变为和"自己比",各基层院根据各区域经济社会发展情况、当地党委政府工作重点等情况建立自己的检察品牌,开展课题研究、精品案例、检察宣传以提升检察影响力,创新创优工作较上一年度有显著进展的予以加分,激励各基层院走特色化、差异化的"一院一品"发展之路。

(二)健全定量评价和定性评价相结合的考评方法

针对业务考评过于量化带来的条线对下管理弱化、综合工作考评手段落后等问题,应注重定量评价和定性评价相结合,促进考评科学公正。

首先,业务工作适当引入定性评价。实践中,检察业务工作可以分为被动检察、主动检察和能动检察。被动检察,是指遵守司法消极性、被动性的检察工作,案件量取决于本地区的案发率和公安机关的侦破效率,如公安机关移送的审查逮捕案件、审查起诉案件;

主动检察，是指检察机关按法律规定开展监督工作，这种工作是一种单向或双向的关注和审视，并时刻准备按某种标准进行评价，影响被监督者的言行，如立案监督、侦查监督、审判监督等工作；能动检察，是指需检察机关妥善处理国家权力与个人权利冲突，平衡国家利益、公共利益与个人自由关系的检察工作，如前期的“取快递女子被造谣出轨案”中的自诉转公诉、公益诉讼等，需要检察机关能动查找案源，收集线索，查明案件事实或者发现监督事项。被动检察、主动检察、能动检察并非泾渭分明，而是你中有我我中有你，比如，审查逮捕是被动检察，但逮捕后主动化解矛盾纠纷、积极追赃挽损则是能动检察。

业务评价在检察大数据评价的同时，应适当辅以定性评价。对于条线对下管理弱化问题，可赋予“十大检察”各业务部门一定考评权重，按照“条线分权考评”模式对基层院条线工作进行评价，推动上级重点工作、专项行动落到基层，加大条线部门对主动检察、能动检察的考评力度，积极解决检察工作深层次问题。建立考评数据异议评查机制，从统一业务系统中抓取的原始数据在折算考评分前应向基层院公开，基层院可对原始数据提出异议并申请评查。经考评委员会评查后，对检察官积极促进刑事和解、化解矛盾纠纷的捕后不诉、捕后轻缓刑、撤回起诉等，不仅不予以否定评价，而且应当加分，着力解决“程序主义”、机械司法的消极司法观念。

其次，综合工作考评可探索量化评价。目前 J 省的业务考评软件已实现对各条线员额检察官业绩自动排序，在队伍建设方面可设置检察官业绩指标，对于检察官业绩位列各业务条线全市前十或全省前五十的予以加分；设置检察官与检察官助理、书记员比例指标，推动基层院把人力配置到办案一线；设置专业化办案团队声誉指标，对系统内外称赞、在业内有较高声誉的“明星办案团队”予以加分，鼓励基层院通过对某一类型或领域案件的集中办理和长期研究，打造专业人才和专业团队，提升履职能力和水平。

此外，针对创新创优考评存在的辛普森悖论，可通过条线评价对此进行校正。如同样是国家级调研，但刊发在《中国法学》或《法律适用》上，孰轻孰重不难判断。由研究室、办公室、宣传处等职能部门对调研信息宣传等工作进行定性评价，定期公示接受监督，可以实现“有质量的数量”评价，真正推动检察工作创新创优发展。

图书在版编目(CIP)数据

检察研究. 2021年. 第1辑 / 江苏省人民检察院组织编写. -- 北京 : 法律出版社, 2021
ISBN 978-7-5197-5751-9

Ⅰ. ①检… Ⅱ. ①江… Ⅲ. ①检察机关-工作-中国-文集 Ⅳ. ①D926.3-53

中国版本图书馆CIP数据核字(2021)第142605号

《检察研究》2021年第1辑
《JIANCHA YANJIU》2021 NIAN DI 1 JI

江苏省人民检察院 组织编写

责任编辑 许 睿
装帧设计 李 瞻

出版发行 法律出版社
编辑统筹 司法实务出版分社
责任校对 朱轶佳
责任印制 胡晓雅
经 销 新华书店

开本 787毫米×1092毫米 1/16
印张 7.75 **字数** 156千
版本 2021年3月第1版
印次 2021年3月第1次印刷
印刷 永清县金鑫印刷有限公司

地址:北京市丰台区莲花池西里7号(100073)
网址:www.lawpress.com.cn
投稿邮箱:info@lawpress.com.cn
举报盗版邮箱:jbwq@lawpress.com.cn

销售电话:010-83938349
客服电话:010-83938350
咨询电话:010-63939796

书号:ISBN 978-7-5197-5751-9
定价:35.00元

凡购买本社图书,如有印装错误,我社负责退换。电话:010-83938349